THIERRY SOUFFLARD

OÙ S'EMBRASSER À **PARIS**

LE GUIDE DES MEILLEURS ENDROITS

PARIGRAMME

À mon amante, Verdine... et ses lèvres étourdissantes

Mise en garde de l'auteur (bien suivre la notice)

Attention : "Un baiser abrège la vie humaine de trois minutes", affirme le département de psychologie du Western State College à Gunnison ; le baiser provoque de telles palpitations que le cœur travaille en quatre secondes plus qu'en trois minutes. Les statistiques prouvent que 480 baisers raccourcissent la vie d'un jour, que 2 360 baisers vous privent d'une semaine, que 148 071 baisers... "c'est tout simplement une année de perdue", précise l'écrivain Paul Morand. Autrement dit, si vous tenez absolument à la vie, arrêtez la lecture dès maintenant ! Bienvenue à vous, les amoureux du baiser meurtrier. Mille pardons pour cette invitation à en finir plus vite, mais que ceux qui vont dévorer cet ouvrage soient mis en garde. Qu'ils ne viennent pas se plaindre ensuite. Il sera trop tard ! N'étant pas tenu de recommander une consommation "avec ou sans modération", je me dégage, en grand seigneur, de toute responsabilité relative à vos problèmes de cœur.

Afin de simplifier la lecture, des symboles donneront, pour chacun des lieux, les informations suivantes :

🕒 Heure la plus romantique

Saison la plus romantique : ✿ Printemps ☀ Été ❦ Automne ❄ Hiver

♡ Les longs baisers ne dérangent pas !

♥ Baisers discrets uniquement

N'hésitez pas à nous écrire : **sandrine.gulbenkian@parigramme.fr**

Sommaire

Pourquoi ce guide ?

Jusqu'à présent, aucun ouvrage ne faisait état des lieux les plus délectables de la capitale. Ce guide tentera donc de combler une bien regrettable lacune dont les amants, du Pont-Neuf ou d'ailleurs, ont trop souffert.

Le baiser en public se fait rare. Il a disparu de la circulation. Devenu pudique, il s'exécute désormais "sous seing privé", derrière le reflet des fenêtres. De grâce, ressortez vos baisers sur les balcons ou dans la rue ! Manifestez... votre amour et clamez-le sur les toits de Paris. Faites-en profiter les autres pour que refleurissent enfin les rouges baisers et les sourires aux lèvres.

Néanmoins, certains d'entre vous se disent sans doute dans leurs moustaches : "Pourquoi ce guide?" C'est vrai, on peut embrasser partout ! Du reste, l'entreprise du baiser rend souvent aveugle, alors qu'importe le cadre... Et pourquoi choisir un lieu plutôt qu'un autre ? En réalité, l'environnement participe à la réussite et à la saveur du baiser. Alors, rien n'est à négliger. À lui seul, le site choisi peut provoquer (ou non) le rapprochement des lèvres.

À qui s'adresse ce guide ?

Aux plus de 77 ans que l'amour a parfois rendus gâteux, aux enfants de 7 ans qui ont sans doute déjà donné leur premier baiser sur la bouche, aux adolescents, plus gros consommateurs de pious, pelles, patins ou galoches, et pour qui les baisers "appliqués" représentent souvent la seule étreinte amoureuse, descendons dans la rue et cherchons où peut briller l'enseigne des amants sous laquelle se pratique cet art "parigot-bucolique". Car il s'agit bien d'un art.

Paris,
capitale romantique

Paris brille dans les yeux des amoureux à travers le monde entier parce qu'il y fait bon s'embrasser... tout simplement. Cette ville, joyau dans son écrin romantique, a toujours eu cette réputation. Déjà au XVe siècle, le coquin François Villon en chantait les mérites et les attraits. Au XVIe siècle, Montaigne en est même littéralement tombé amoureux : “Paris a mon cœur dès mon enfance. Plus j'ay veu depuis d'autres villes belles, plus la beauté de celle-cy peut et gaigne sur mon affection. Je l'ayme par elle-mesme, et plus en son estre seul que chargé de pompe estrangière. Je l'ayme tendrement, jusques à ses verrues et à ses taches.” À travers les siècles, Paris ne cesse de faire couler encre et “salive” : “Est-ce le lieu où toutes les dames vont le soir dans de petits chariots découverts, et où tous les hommes les suivent à cheval; de sorte qu'ayant la liberté d'aller tantôt à l'une et tantôt à l'autre, cette promenade est tout ensemble promenade et conversation, et est sans doute fort divertissante ?”, s'interroge Madeleine de Scudéry dans *Le Grand Cyrus*. Et Dorante d'ajouter : “Paris semble à mes yeux un pays de roman.” Quant à Eustache Deschamps, dans ses Adieux à Paris, il déclare, la veille de quitter la capitale, son amour pour sa ville chérie : “Adieu m'amour, adieu douces fillettes. Adieu grand Pont, halles, estuves, bains. Adieu broderie et... beaux seins.”

Mais l'heure n'est pas aux adieux. Au contraire, il est temps de découvrir les jardins secrets ou les délicieuses bouches de métro du Paris romantique... Suivez le guide!

1

Les grands classiques

Quel est le premier réflexe d'un couple d'amoureux en visite à Paris ? Se balader main dans la main le long de la Seine ; s'embrasser, au moins une fois, en regardant la tour Eiffel ou la place de la Concorde et se tenir très fort l'un contre l'autre au sommet des escaliers de Montmartre. Parce qu'on leur aura dit que ces lieux sont les plus romantiques… mais les quais de la Seine sont longs et les escaliers de Montmartre, nombreux. Alors quels sont les bancs, les marches, les petits recoins les plus étourdissants ? À quels moments de l'année et de la journée les baisers ne risquent pas d'être interrompus par l'invasion des cars de touristes ? Quels amants connus ont précédé les amoureux du jour ?

Fragonard, petit fripon

Tableau *Le Verrou*, de Fragonard

Musée du Louvre, 1er • Département des peintures françaises-Aile Sully (2e étage)
M° Palais-Royal-Musée-du-Louvre

Demandez aux agents, assis sur leur chaise, votre chemin pour accéder jusqu'au tableau *Le Verrou*, de Fragonard. Vous ne savez pas le plaisir que vous leur ferez : pour une fois qu'on ne leur demande pas le chemin de la sortie ou de *La Joconde*... La personne vous indiquera ainsi volontiers que *Le Verrou* est au deuxième étage, au fond de la salle consacrée à Fragonard. Là, vous tomberez sous le charme de ce tableau craquelé par le temps (1777). Sur la partie droite de l'œuvre, un jeune homme enlace une demoiselle et, de la main droite, il pousse un verrou du bout du doigt. La scène est hot ! Serrée contre lui, la demoiselle se pâme, le repousse. À gauche, un lit défait laisse entrevoir des drapés magnifiques. Reste à l'admirer... Notre endroit préféré ? Au pied de l'œuvre, sur les banquettes grises.

- Le soir, avant le verrouillage des portes.
- Quand la pluie ruisselle sur la pyramide.
- Fragonard vous montre la pose. Vous n'avez plus qu'à !

Des galants sous le pont

Pont-Neuf

1er • M° Pont-Neuf

Il y a quelques années de cela, le styliste Kenzo couvrait de fleurs le Pont-Neuf. Voyez, jeune homme, quel geste galant il vous reste à faire sur le plus ancien pont de Paris ! L'énorme bouquet à la main, rejoignez tous les deux le square du Vert-Galant en empruntant l'escalier derrière la statue d'Henri IV. Et si, encore troublée par votre charme fou, elle s'évanouit, pas de panique ! Les sapeurs-pompiers de Paris sont sur l'autre rive. Il y a juste la Seine à traverser... à la nage. Mais que ne feriez-vous pas pour elle ? Remis enfin de vos émotions, votre visage reprend des couleurs ; dirigez-vous vers la place Dauphine, qui ne rime pas avec "mauvaise mine", comme le chante pourtant Jacques Dutronc. La partie supérieure du jardin est conseillée, surtout les petits bancs en pierre sous les marronniers, face aux marches du Palais de justice.

De 18h30 à 21h.

Au joli mois de mai où les fleurs volent au vent.

Vous auriez tort de vous en priver.

Dans le port de l'Arsenal, y'a des marins qui…

Port de l'Arsenal

4e • M° Bastille

Que font les marins d'eau douce dans le port de la Bastille ? Ils vont gentiment au fil de l'eau et quelquefois pêchent le gros… lot ! Car sur les pontons se promènent de jolies sirènes, souvent en tongs et sac à dos. Le port est aujourd'hui connu des touristes désireux de faire de petites croisières sur la Seine et les canaux en péniche. Certains plaisanciers jouent le jeu et acceptent de mener les sirènes… en bateau. Après de romantiques baisers sur le pont d'une pénichette, jetez l'ancre au café du Grand Bleu sur le port. Plongez-vous dans les lagunes d'un jus d'agrumes. Ou sucez une glace à l'eau en regardant rentrer les bateaux. Enfin, le petit jardin de l'Arsenal offre une vue imprenable sur ce havre de paix, au pied de la révolutionnaire colonne de Juillet.

- À l'heure de l'apéritif.
- Juillet pour la colonne.
- Et plus… si affinités.

Immortel baiser

Bazar de l'Hôtel de Ville (BHV Marais)

70, rue de Rivoli, 4e • M° Hôtel-de-Ville

La photographie du *Baiser de l'Hôtel de Ville* évoque sans doute le cliché le plus romantique de Paris. Mais où Robert Doisneau s'était-il donc posté pour prendre au piège de son Leica le couple d'amoureux aujourd'hui le plus populaire au monde ? Il était attablé à la terrasse du café de l'Hôtel de Ville, aujourd'hui disparu. À vous de remettre au goût du jour cette étreinte immortalisée à jamais. Prenez la pose contre les grilles de la bouche de métro, à hauteur du 70, rue de Rivoli, pour recevoir votre "baiser de l'Hôtel de Ville", le seul, le vrai, l'unique ! Demandez alors à un badaud, japonais de préférence, de se prendre au jeu et de vous photographier, immortalisant alors votre amour à tout jamais !

- En milieu d'après-midi.
- Pour les tenues vestimentaires.
- Reconstitution oblige.

Roucoulades bucoliques sur la jetée

Sur les berges de l'île Saint-Louis

Sous le pont Louis-Philippe
ou sous le quai Bourbon (descendre les escaliers), 4e • M° Pont-Marie

Sur les berges de l'île Saint-Louis, à l'extrémité du quai Bourbon, un vieil arbre sert de refuge aux bergeronnettes grises, chevaliers-guignettes ou petits gravelots. Il regarde aussi passer à son pied colverts et poules d'eau. Comme cet arbre, on resterait des années sur ce bout de jetée où viennent s'échouer, deux à deux, les tourtereaux des quatre vents. Des bancs en pierre blanche servent de perchoirs aux inséparables venus se frotter le bec. Le site est paisible et la vue imprenable. La nuit, le lampadaire qui joue le rôle de phare des mers attire les yeux qui brillent. Un endroit très cool pour roucouler !

Jusqu'au bout... de la nuit.
Quand la lune brille.
C'est le moment ou jamais !

Au soleil...

Bouquinistes du quai Saint-Michel

5e • M° Saint-Michel

Sous les premières pluies d'automne, une rangée de libraires, les pieds dans l'eau comme dans une rizière, germe le long du quai Saint-Michel. Daniel Halévy écrivait : "Une caractéristique commune au métier de paysan et à celui de bouquiniste, c'est la soumission aux intempéries." Et les amoureux alors ? Sous un vêtement de pluie ou un chapeau de paille, qu'il fasse chaud, froid, qu'il vente ou qu'il grêle, nous en trouverons toujours sur le quai Saint-Michel.

- Tôt le matin pour éviter les bains de foule.
- Pour faire provision de lectures (et de baisers) pour l'hiver.
- Évitez quand même de vous embrasser sous leur nez !

ou sous la pluie…

Bouquinistes du quai de la Tournelle

5e • M° Maubert-Mutualité

Sous les parapets des bouquinistes du quai de la Tournelle, une courte descente pavée laisse glisser vos pas vers le petit port de la Tournelle où flottent en paix, selon les jours, deux ou trois péniches. Là, un banc de pierre se protège du soleil, à la belle saison, sous un arbre magnifique à fleurs blanches et vertes. Sur votre gauche, levez les yeux au ciel. Miracle ! Vous apercevez, par temps clair, les dessous de la robe de sainte Geneviève, mère protectrice de Paris. Ce petit banc est idéal pour lui fredonner vos insatiables ritournelles.

À l'heure du déjeuner.

Sous une pluie de pollen.

Ne cherchez pas midi à quatorze heures, foncez !

Prends garde à ton jupon !

Pont des Arts

6e • M° Saint-Germain-des-Prés

“Si par hasard, sur l’pont des Arts, tu croises le vent, le vent fripon, prudence, prends garde à ton jupon !” chantait avec malice Georges Brassens. Pour rester dans la variété française, tous les Gilbert et autres artistes du “bécot” peuvent embrasser ici leur Nathalie sur les planches de bois qui enjambent la Seine. Mais ils ne seront pas seuls car le pont des Arts est très coté par les amoureux du monde entier. Parfois, il a plutôt l’allure d’un pont surchargé de touristes. La réputation de l’endroit n’est plus à faire, comme en témoignent les messages gravés au canif sur les bancs et les planches : “À toi Mathilde, la femme de ma vie” ou “À mon petit choupi que j’aimerai toute la vie”. Hélas, les embouteillages de couples usent le charme de ce lieu.

Évitez le coucher du soleil, heure de pointe des amoureux, et privilégiez l’instant où sonne le carillon de Saint-Germain-l’Auxerrois. L’écouter en duo, bercés par la beauté des lieux, est un véritable enchantement.

Pour fuir la foule.

Comme tout le monde.

Secrets à Saint-Germain-des-Prés

Place de Fürstemberg

6e • M° Saint-Germain-des-Prés

Cette petite place est l'une des plus jolies de Paris. Plantés en son milieu, quatre paulownias lui confèrent au printemps un charme très romantique. La nuit, un lampadaire à cinq globes typiquement parisien monte la garde avec sa torche pointée vers le ciel. Il rappelle aux amoureux du monde entier que la place attend toujours ses amants d'antan. Visitez également le charmant musée Delacroix, au 6, rue de Fürstemberg.

Dans la matinée.

Même à la belle saison, il y a peu de touristes.

Contre l'écorce d'un arbre !

Sculptez vos baisers

Musée Rodin

77, rue de Varenne, 7e • M° Varenne • Tél. 01 44 18 61 10 • musee-rodin.fr

Itinéraire bis(e) pour découvrir l'histoire de l'art : pour le plaisir des yeux et surtout des lèvres, découvrez les baisers d'Auguste Rodin dans ce délicieux musée fraîchement rénové. Tout d'abord, une œuvre prédestinée, *Le Baiser*, sert d'entrée... en matière. Soient deux cœurs de marbre blanc fondus dans la masse froide animée par un baiser brûlant et endiablé. C'est le moment de tenir la pose et de provoquer votre premier baiser, poli. Reprenez l'exercice de style devant les autres sculptures appelant un baiser. Vous y aideront alors *Adam et Ève, Paolo et Francesca, L'Éternel Printemps* (baiser bronzé), *Daphnis et Leycénion, Les Métamorphoses* d'Ovide... Vous y croiserez aussi un homme portant une femme et l'embrassant dans le cou... Plus osés : *Les Bacchantes, La Chute d'Icare* et surtout le groupe *Bon Génie*. Pour finir, prenez la pose du mythique bronze *Roméo et Juliette* de 1902.

Dès 10h. Les lieux ferment le lundi.

Journée ensoleillée conseillée pour profiter du jardin.

Camille Claudel se privait-elle ?

Promenade galante

Cours-la-Reine

8ᵉ • M° Concorde

Sait-on que sous Louis XVI, la place de la Concorde était déjà le point de départ du cours-la-Reine, la promenade galante la plus fréquentée d'Europe ? Décidée par Marie de Médicis, la promenade déroulait son flot de flâneurs jusqu'à la place de l'Alma. Les attelages faisaient demi-tour sur l'actuelle place du Canada, où s'arrête désormais le cours. Dans les années 1860, en fin de journée, après les spectacles, les amants s'y donnaient encore rendez-vous. Les billets doux caressaient les mains des marchandes d'oranges qui jouaient le rôle de messagères. Les salutations fusaient, la coutume exigeait que l'on saluât même les inconnus... Mais si aujourd'hui il vous vient à l'idée de raviver les flammes du passé, vous devrez prendre garde de vous faire renverser par les nouveaux attelages à moteur. L'endroit n'est plus une promenade mais un grand axe routier où il ne fait pas bon errer.

La promenade peut se poursuivre jusqu'à l'heure où le carrosse de Cendrillon se transforme en citrouille. Le grand monde aimait après cela faire quelques pas de danse, sous les lampions, au rond-point des Champs-Élysées. À vous de voir...

Sous la neige.

Attention aux embruns des fontaines.

Le long des canaux, à vélo

Balade à vélo du canal Saint-Martin au canal de l'Ourcq

Départ de la course au 42, quai de Jemmapes, 10e • M° République
Arrivée au Parc de la Villette, 19e • M° Porte-de-La-Villette

Grand itinéraire pour romantiques en cycles : tout d'abord, échauffez vos muscles sur le banc face au 42, quai de Jemmapes. Une fois les maxillaires rodés, roulez une pelle sur la passerelle des Douanes. Halte ! Avez-vous un amour à déclarer ? Oui ? Alors déballez votre sac, comme Arletty l'a déjà fait à Louis Jouvet, sur la passerelle de la Grange-aux-Belles, face à l'hôtel du Nord. Puis rincez-vous le gosier à l'anisette au comptoir du mythique café de l'hôtel du Nord. Enfourchez votre petite reine jusqu'au bassin du Combat. Passez sous le petit pont et glissez-y un bécot pour la route. Votre échappée vous mène rue de Crimée. La foule applaudit votre performance car vous n'arrivez pas à vous départager : vos roues et vos lèvres restent collées. Toujours en suivant le fil de l'eau, sur la piste cyclable, filez vers Meaux *via* Pantin. Plus loin, la nature vous propose de petits coins et recoins propices aux câlins...

Le dimanche de 14h à 18h et l'été, pendant Paris Plages : les berges du canal sont fermées aux voitures.

Pour pédaler (au) sec !

Ne vous dégonflez pas !

2

Discrétion assurée

Où doivent se cacher les amants traqués ? Au fond de quel passage ou sous quel porche ne risquent-ils pas d'être démasqués ? Au milieu de quelle foule anonyme peuvent-ils demander asile ? Le couple fougueux en fugue cherche à tout instant une nouvelle planque pour mordre sauvagement dans les lèvres impatientes d'un amour impossible. Mais l'amour impossible est épié ! Après votre passage, les lieux qui suivent resteront muets comme des carpes. Discrétion garantie.

Planqués dans le Marais

Village Saint-Paul

4e • M° Saint-Paul

Construit sur les anciens jardins du roi Charles V, le village Saint-Paul a un petit air rétro. Le dimanche (après la messe), il rassemble ses fidèles brocanteurs ; les autres jours de la semaine, ses éternels amoureux. Autour d'une cour pavée se mêlent des dames curieuses (c'est aussi le nom d'une des boutiques), des peintres, ébénistes et restaurateurs. Vous y trouvez aussi un banc, un lampadaire et trois arbres, de quoi passer un moment idyllique dans les profondeurs du Marais. Pour y accéder, empruntez le chemin pastoral jusqu'au n° 7 de la rue de l'Ave-Maria ou la petite vicinale au n° 26, rue des Jardins-Saint-Paul.

De 11h à 19h.

Sous un grain de folie.

Tranquille !

Dans l'embrasure des jolies portes cochères

Impasse Guéménée

28, rue Saint-Antoine, 4ᵉ • M° Bastille

Si par hasard, vous vous promenez sur les trottoirs de la rue Saint-Antoine et qu'une envie pressante de vous bisouiller vous titille les lèvres, laissez-vous happer par l'impasse Guéménée. Au n° 6, une porte cochère bleu turquoise lance un appel à la tendresse. Idem pour sa voisine de couleur marron, joliment coiffée d'un chapeau sculpté. Le temps d'une pirouette virevoltante et vous vous retrouvez devant la charmante porte du n° 5.

En fin de matinée.

Rien n'est prévu pour vous abriter en cas d'orage.

Attention à la caméra au-dessus de l'une des portes.

À l'ombre des jolies portes en fleur

Rue Chanoinesse

5e • M° Cité

À l'ombre des jupons de pierre de Notre-Dame, la rue Chanoinesse vous ouvre ses portes magnifiques : au n° 12, la porte en bois sculpté attend qu'on la regarde et qu'on s'y attarde un moment ; au n° 17, un porche bleu en retrait de la rue ouvre sur une charmante entrée pavée avec un arbuste qui fait discrètement le guet pour éviter toute mauvaise rencontre; au n° 4, sans doute la plus jolie porte de Paris. Couverte de glycines, elle déroule son tapis fleuri sur le trottoir et une partie de la rue.

En fin d'après-midi.

Nécessairement !

Le parfum des fleurs vous fera vaciller !

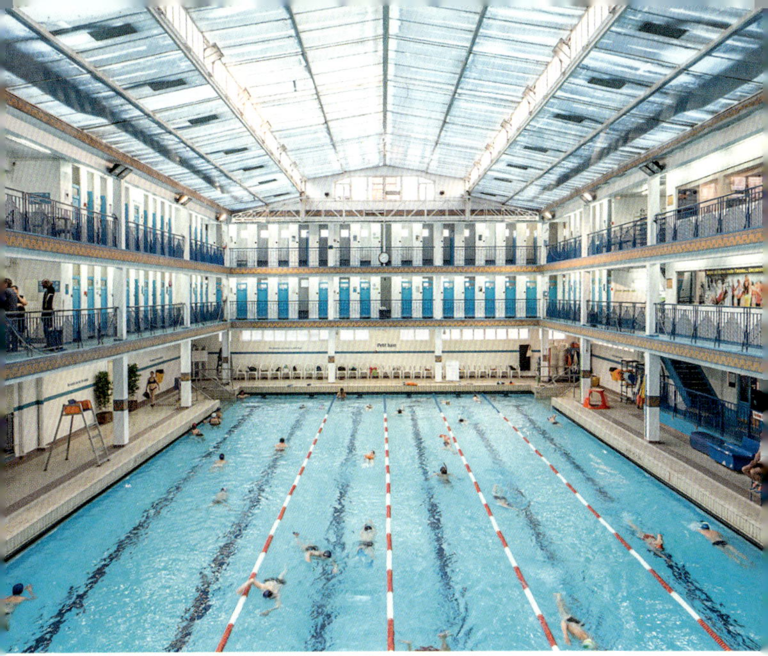

Bouche-à-bouche au fond de la piscine

Piscine Pontoise

19, rue de Pontoise, 5e • M° Maubert-Mutualité • Tél. 01 55 42 77 88

Le fond du bassin de la somptueuse piscine Pontoise garantit un mutisme on ne peut plus profond (2,60 mètres) ! Vos baisers resteront aussi secrets qu'un trésor échoué au fond des lagunes, sauf s'ils produisent trop de bulles… De retour à la surface – les baisers subaquatiques ne sont jamais les plus longs –, vous succomberez au charme de l'architecture : les cabines, encore gardées par des garçons de bains, surplombent le bassin. De nombreux réalisateurs de cinéma ont choisi cette piscine pour y pêcher des scènes romantiques. Une séquence du film *Bleu* de Kieslowski y a été tournée. Emmanuelle Béart a également évolué dans ses eaux limpides pour *Nelly et M. Arnaud*…

Nocturne de 21h à minuit avec lumière douce et musique, bien sûr !

De janvier à mars, les eaux sont plus calmes.

En apnée..

Ravis au petit Paradis

Cloître de l'église Saint-Séverin

1, rue des Prêtres-Saint-Séverin, 5ᵉ • M° Saint-Michel

On ne risque pas de vous trouver ici ! Car l'entrée du "petit paradis" est gardée par... l'Église. Armez-vous de patience car il faut attendre le dimanche après-midi pour s'y rendre. Les cloches de l'office vous annonceront le bon moment. Le sas du lieu magique n'est autre que Saint-Séverin. Entrez côté rue des Prêtres-Saint-Séverin, prenez la main de votre aventurier(ère) et ne la lâchez pas lors de la traversée fantastique. En allant en diagonale sur votre droite, vous apercevrez une plus petite porte. Si, par chance, elle est ouverte ce jour-là, des gargouilles vous accueilleront. Elles surveillent les allées et venues dans cet ancien charnier. Mais ne fuyez pas ! Car, aujourd'hui, le "paradis" est un splendide cloître doté de petits bancs à l'ombre de deux gigantesques marronniers. La cour est paisible et bien isolée. Les regards de la rue ne peuvent percer. Cependant, pour que ce petit paradis ne soit pas pour toujours fermé à clef, restez aussi discrets que lui !

🕓 Tombez juste, cet endroit est exceptionnellement ouvert au public au moment de fêtes paroissiales.

☀ L'été, à l'abri des touristes...

♥ Les gargouilles vous ont à l'œil !

Ici Gît-le-Cœur

Rue Gît-le-Cœur et rue de l'Hirondelle

6e • M° Saint-Michel

Gît-le-Cœur ! Un nom de rue idéal pour s'embrasser ! Le cuisinier Gilles le Queux en est à l'origine. À vous, les cuisiniers du cœur, de faire monter la sauce et de la touiller onctueusement sous le porche du n° 10. En sus, à l'angle de cette appétissante entrée (en matière), la rue de l'Hirondelle vous entraîne vers des cieux enchanteurs. Au bout de celle-ci, des escaliers typiquement parisiens s'envolent vers un ravissant passage donnant sur le boulevard Saint-Michel. Au n° 20 de la rue de l'Hirondelle, un autre porche s'impose pour une pause. Et derrière vous, au n° 22, l'hôtel Le Clos Notre-Dame vous promet de délicieux moments. Partez à tout prix sillonner les rues sinueuses de ce petit brin de quartier reculé, si bien sûr le cœur vous en dit !

En fin de journée (attention, passage fermé de minuit à 6h).

Quand Paris vous prend dans ses bras.

Vous n'attendez que ça !

Les quais de gare les plus romantiques

Les baisers les plus secrets restent encore ceux donnés sur les quais de gare. Ils peuvent se perdre dans la foule, être masqués par les trains ou par d'autres amoureux. Attention : un baiser peut en cacher un autre !

Gare Montparnasse

15e • M° Montparnasse-Bienvenüe

Bienvenue à la gare Montparnasse ! Les quais 11 à 15 attirent les trains de banlieue. Les mêmes qui se moquaient de toi, quand on avait à peine quinze ans, que nos cheveux volaient dans le vent et que tu m'as dit : je t'aime, pour la première fois. Mais c'est bien loin tout ça ! Par chance, ces trains de banlieue chantés, il y a longtemps, par Gérard Lenorman circulent toujours et déchargent à chaque heure leurs flots de baisoteurs qui n'attendent pas l'arrêt total du véhicule pour se précipiter dans des bras grands ouverts.

- À la sortie du lycée, comme dit la chanson.
- Pour prendre un chocolat chaud.
- Que peut-on faire de mieux sur un quai de gare ?

Gare de Lyon

12e • M° Gare-de-Lyon

Le train de nuit Paris-Venise siffle sur son quai beaucoup plus d'amoureux que d'autres. Et même si vous ne partez pas ce soir, rien n'empêche de proposer un rendez-vous galant sur son quai en attendant de traverser tous les deux le pont des Soupirs. Sachez que le numéro des quais change tous les jours : parfait pour les amants qui n'aiment pas la routine. Seulement, il faudra tout de même être ponctuel ! Même si certain(e)s ont la fâcheuse habitude de se faire attendre, les trains, eux, partent et arrivent toujours à l'heure, c'est bien connu.

Horaires d'hiver : 20h28 au départ de Paris-Gare-de-Lyon, arrivée à Venezia-Mestre à 9h15.

Nostalgie oblige !

Laisse les gondoles à Venise et prends-moi la main.

Baisers volés sur bateaux-mouches

Compagnie des Bateaux-Mouches

Sous le pont de l'Alma • Port de la Conférence, 8e
RER Pont-de-l'Alma • Tél. 01 42 25 96 10

Au milieu d'une envolée de mouettes rieuses en cavale, lorsque le vent souffle trop fort sur la côte normande et qu'elles viennent, comme vous, se réfugier à Paname, laissez se perdre un baiser dans la foule anonyme d'un bateau-mouche. Rien de tel qu'un bon bain de foule pour oublier son identité d'amant traqué. Les tickets pour les croisières de rêve sont à retirer sous le pont de l'Alma. Dernier conseil avant d'embarquer : ne vous laissez pas prendre en boîte par le photo-filmeur de la compagnie ; les photos-souvenirs sont ensuite affichées sur un tableau et vous seriez repérés !

Le week-end de 11h à 17h.

Plus il y a de fous, plus on s'embrasse !

C'est le but de la manœuvre !

En plein cœur du romantisme

Musée de la Vie romantique

9, rue Chaptal, 9e • M° Blanche
Tél. 01 55 31 95 67

Sur les pentes du quartier Saint-Georges, à l'aube du Second Empire, un petit monde de poètes, d'écrivains, d'acteurs et de musiciens gravite autour de la chaleureuse demeure d'Ary Scheffer, illustre peintre de l'époque romantique (de 1820 à 1850). Parmi eux, sous la véranda, Chopin, d'un doigté haut de gamme, distrait George Sand. Comme tous les vendredis soir, Delacroix, Ingres, Liszt, Lamartine sont également de la partie. Aujourd'hui, une statue représentant Chopin au piano nous plonge dans l'ambiance d'autrefois. Un univers que le conservateur du musée s'efforce de préserver jusque dans le jardin, très XIXe siècle. Campanules, digitales, clématites et roses anciennes parfument la cour pavée. Vous aurez l'impression de faire un bond en arrière de plus de cent cinquante ans, en plein cœur des années romantiques.

De 10h à 18h, sauf le lundi. Vous pouvez aussi y déjeuner en tête à tête sur des tables de jardin aux beaux jours.

Pour les roses anciennes.

OK ! Mais romantique, SVP !

Trendy love

Hôtel Amour

8, rue de Navarin, 9e • M° Pigalle
Tél. 01 48 78 31 80

Il a de l'allure, cet hôtel Amour ! Des allures d'auberge de jeunesse chic... En plein Pigalle, de grosses lettres rouges clignotent le long de la façade, à l'image de ces vieilles enseignes parisiennes qui percent l'écran des films noir et blanc aux accents de titis, de caves et autres rabatteurs. La version moderne de cette époque révolue revêt un caractère romantique à souhait. Spécialement côté cour, où lierres chaises rouges et serveuses branchées donnent un léger tournis. On se susurre des mots tendres dans toutes les langues dans cette Babel de l'amour !

🕓 Avant de regagner sa chambre.
☀ Quand la cour rafraîchit les touristes fatigués.
♡ La cour abrite les couples les plus illégitimes en toute discrétion.

Moi Tarzan, toi Jane…

Sous la cascade du bois de Boulogne

Carrefour de Longchamp, 16e
M° La Muette ou RER Avenue-Henri-Martin

Dans les meilleurs films d'aventures, les cascades cachent des choses magiques. Mais que se passe-t-il derrière celle du bois de Boulogne ? Est-ce le cimetière des éléphants de Paris ? Pas du tout, il s'agit tout simplement du repaire des couples en manque d'exotisme et de ceux qui fuient la ville pour se perdre dans la forêt vierge des câlins.

Après avoir visionné un grand film d'aventures.
En short et tunique légère…
Un rideau d'eau protégera votre intimité.

Un joli dimanche sur l'eau

Barques du bois de Boulogne

Lac inférieur, à côté de la pelouse de La Muette, 16e • RER Avenue-Henri-Martin

Tandis que vous, monsieur, êtes, pour l'occasion, coiffé d'un canotier, votre coéquipière d'embarcation porte une jolie robe blanche et s'est munie d'une ombrelle en dentelle, qu'elle fait tourner sur son épaule d'un geste printanier. Est ainsi complète la panoplie des parfaits romantiques "les pieds dans l'eau". Car les barques ne garantissent pas une étanchéité totale. Bonne raison néanmoins pour vous, monsieur, de remonter les manches de votre chemise, de saisir les pieds mouillés de votre belle et de les lui réchauffer par de langoureux baisers. Amarrez votre embarcation à la petite île, au milieu du lac. Prévoyez un pique-nique sur la pelouse. Il vous faudra néanmoins encore "ramer" pour qu'elle daigne, enfin, vous embrasser...

- Avant le pique-nique de midi.
- Pour que le canotier serve au moins à quelque chose.
- Éloignez-vous des berges pour ne plus être visible.

Verdure et fantaisie

Villas Meyer, Cheysson et Dietz-Monnin et hameau Boileau

16e • M° Exelmans

Les trois villas et le hameau Boileau, perdus au milieu du 16e arrondissement, auraient pu inspirer le titre d'une saga télévisée de l'été. En fait, c'est le décor d'une belle et grande histoire d'amour... la vôtre ! La première partie se déroule villa Meyer, où vous vous embrassez d'entrée de jeu. Ici, le passage fleuri relie, comme sur une grappe, de magnifiques maisons flanquées de leurs jardinets. Mignons à croquer. Le deuxième épisode s'intitule "Villa Cheysson". Le lierre, les hortensias, les cerisiers et des demeures splendides donnent envie d'y établir un amour solide. Troisième séquence : villa Dietz-Monnin. Ici, vous avez l'impression d'être sur une île. L'entrée des villas s'effectue par l'avenue Georges-Risler, au niveau du 25, rue Claude-Lorrain. Pour la grande scène finale de ce film qui n'appartient qu'à vous, on vous voit finir vos vieux jours dans le hameau Boileau. En plein cœur du "village", vous êtes assis au milieu du rond-point La Fontaine, à la croisée de l'impasse Racine et de l'avenue Molière, enlacés comme au premier jour... Fin.

- De 15h à 17h30.
- Floraison abondante.
- Attention, propriétés privées !

Mettez le feu au bal des pompiers

Caserne du square Carpeaux

18ᵉ • M° Guy-Môquet

Bourvil et Juliette Gréco ne se souviennent plus du nom du bal perdu ! Ils se rappellent seulement "ces deux amoureux qui étaient heureux". Et si ce bal était l'un de ceux organisés dans les casernes des sapeurs-pompiers de Paris ? Les jupes à fleurs valsent aux rythmes de la java, du tango ou encore du "soleil des tropiques". "On va s'aimer à se brûler la peau", promettent les amants en se frottant. Heureusement, les pompiers sont là ! Mais une fois n'est pas coutume, les combattants du feu auraient plus tendance à attiser la flamme dans le cœur des dames qu'à prévenir les incendies. Leurs atouts ? Un uniforme flamboyant et des muscles débordants. Dans le 18ᵉ, les pompiers de la caserne du square Carpeaux mènent la danse. Le bal favorise les nouvelles rencontres (sans sortir de son quartier). Les lampions multicolores font office de chandelles à l'usage de tous ces nouveaux et anciens couples.

Pas avant 22 heures, quand la nuit est tombée.

Le 14 juillet, donc !

Inutile d'attendre le slow, on peut s'embrasser sur tous les tons.

3

Les baisers les plus fous

Que serait l'amour sans un grain de folie ou une pointe de fantaisie ? Pourquoi pas une aventure sur les toits de Paris ou un éclat de rire devant les glaces déformantes du Jardin d'Acclimatation ? Autant d'escapades insolites pour ceux qui veulent sortir des sentiers battus. Mais la folie brave parfois les interdits. Aussi chacun doit-il peser le pour et le contre de quelques baisers, bien innocents mais parfois "illégaux"... Parmi les baisers fous apparaissent aussi les "baisers de l'emmerdeur", que vous goûterez en fin de chapitre.

Sur les toits, tels deux chats

On ne vous dira pas !

Une fois la lune pleine, sur vos pattes de velours pour éviter de faire craquer le parquet ciré, décrochez l'échelle suspendue au mur de la cage d'escalier. Soulevez alors la trappe du plafond et bondissez tels deux chats sur le zinc bleuté des mystérieux toits de Paris. En clair (de lune), montez roucouler au-dessus des gouttières à la lueur des étoiles et des lampadaires. Mais attention, une escapade nocturne n'est pas sans risque. Soyez prudents. Ne vous aventurez pas par temps de pluie. Évitez, jeune homme, de sauter de toit en toit pour témoigner de l'amour que vous inspire votre "féline"; vous avez tellement d'autres tours dans votre sac de petit ramoneur !

🕓 Demandez à votre chat ! S'il ne daigne pas vous répondre, suivez-le. Si vous n'en avez pas, suivez celui du voisin.

☀ Et dans la moiteur des nuits.

♡ Et même plus : "Quand les monuments s'éteignent, il y a des gens qui montent sur les toits et qui font la fête. Derrière les cheminées ils s'embrassent et, quand il fait bon, ils font l'amour sur les terrasses", comme le décrit Hippo à Nathalie dans le film *Un monde sans pitié*.

Faux détournement de mineur

Préfecture de police

Devant l'entrée de la brigade des mineurs • 12, quai de Gesvres, 1er
M° Hôtel-de-Ville

Madame ou mademoiselle, vous paraissez plus jeune que votre âge, au point de ressembler à une adolescente, voire à une fillette. Passez donc votre jupe écossaise, vos collants blancs et faites-vous des couettes. Monsieur, munissez-vous d'une moustache ou d'une barbe postiche, d'un grand imperméable beige, grisez vos cheveux et essayez un nouveau jeu avec votre partenaire : devant l'entrée de la protection des mineurs, tentez de "piquer le malabar" de votre petite copine. Ultime avertissement : il ne faut vraiment avoir que cela à faire...

À la sortie des bureaux à midi.
Pour que l'on vous repère bien avec l'imperméable.
Quitte à aller au gnouf, autant que ça en vaille la peine!

Comme avant, à la sortie du lycée

Devant le lycée Charlemagne

14, rue Charlemagne, 4e • M° Saint-Paul

Ah, les années lycée ! Qu'y a-t-il de plus beau qu'un couple d'adolescents s'embrassant à la sortie d'un établissement scolaire ? Qu'en pensez-vous, monsieur le proviseur ? Les jolies cours de récréation, les préaux ou les porches ne sont-ils pas des endroits rêvés ? Jupe droite bleu marine, souliers noirs, couettes, petit cartable, soupçon de rouge à lèvres… vous êtes, mademoiselle, enfin prête pour votre premier baiser. Votre cœur bat la chamade. Attention, il arrive ! À la sortie du lycée Charlemagne, il vous attend contre la séduisante fontaine ornée en relief de plantes et animaux aquatiques. L'eau fraîche, chacun le sait, est le complément naturel de l'amour. Sacré Charlemagne !

- À la sortie des cours.
- Retrouvez les frissons de la rentrée des classes.
- Fais gaffe, v'là l'dirlo !

Flirtons sous les dragons

Fontaine Saint-Michel

Place Saint-Michel, 6e • M° Saint-Michel

Rien de plus classique que de se rencarder place Saint-Michel. Or, rien ne semble prévu pour s'y asseoir. Pourtant, si vous regardez bien, il y a des places assises et, qui plus est, toujours libres. Les amoureux préfèrent attendre debout plutôt que de s'asseoir sous les trombes d'eau que lancent dans la fontaine deux lions de pierre aux corps de dragons ailés. Essayez, c'est très amusant ! Mais n'oubliez pas de mettre votre guide à l'abri, il peut encore vous rendre de grands services !

Bain de minuit.

Aïe aïe aïe, ça caille !

Afin de récompenser l'exploit.

Sur la bouche et dans le Palais

Devant le palais de l'Élysée

55, rue du Faubourg-Saint-Honoré, 8e • M° Concorde

Au XVIIIe siècle, le riche financier Beaujon avait pour lit une énorme corbeille en osier, suspendue comme un hamac à quatre arbres plantés au milieu de sa chambre. Mais l'homme était un habitué des idées les plus saugrenues. Aussi aimait-il se faire bercer par de séduisantes dames... Aujourd'hui, sa demeure n'est rien d'autre que... le siège de la présidence de la République française ! Alors, pensez bien qu'un petit baiser abandonné dans la cour du palais de l'Élysée ne troublera pas cette folle demeure qui en a vu d'autres.

Arrivez aux aurores, il y a de nombreux (a)mateurs.

À l'occasion des Journées européennes du patrimoine (ça ne rigole pas au Palais les autres jours).

Qu'en pensez-vous ?

Sacré Cocotte !

Hôtel de la Païva

25, avenue des Champs-Élysées, 8e • M° Franklin-D.-Roosevelt

Thérèse Lachmann, modeste jeune femme d'Europe orientale, s'installa à Paris en abandonnant mari et enfant. À peine arrivée, elle mit sur la paille le pianiste Hertz, puis tomba malade. Victime d'un malaise à hauteur de l'actuel n° 25 des Champs-Élysées, elle se promit de faire construire à cet emplacement le plus somptueux hôtel particulier de Paris. Elle séduisit bientôt le comte Henckel von Donnersmarck, cousin millionnaire de Bismarck qui lui offrit, sitôt la belle épousée, cet hôtel. L'escalier en onyx inspira à Delacroix le célèbre aphorisme : "Ainsi que la vertu, le vice a ses degrés." Le marquis se donna la mort et la marquise devint comtesse... Quant à vous, messieurs, méfiez-vous des dames qui s'évanouissent trop facilement devant cette adresse. Mais peut-être celle que vous croiserez n'aura-t-elle d'autre désir qu'un tendre bouche à bouche ?

Le matin sans prendre son petit déjeuner pour céder ainsi plus facilement à un éventuel malaise.

Par un jour de grosse chaleur, pour la même raison.

Bouche à bouche !

Dans un arbre, ça t'branche ?

Square de la Trinité

9e • M° Trinité-D'Estienne-d'Orves

Quelle est la différence entre un arbre des villes et un arbre des champs ? Il est interdit de grimper dans le premier. Est-il plus faible qu'à la campagne ? Est-ce à cause de la pollution ? Nos chaussures sont-elles plus corrosives que les gaz d'échappement ou la fumée des usines ? Non ! Mais alors, pourquoi ? Parce que c'est comme ça ! Dommage... car le pterocarya fraxinifolia invite à toutes les folies. Âgé de plus de 120 ans, ce vieil arbre prie en pliant ses énormes branches devant la superbe église de la Trinité pour qu'un jour deux amoureux viennent roucouler au creux de ses bras.

Tôt le matin.

Pour se dissimuler derrières ses feuilles naissantes.

Cachez-vous bien, voilà le gardien !

Tandem de bécoteurs

Paris à vélo, c'est sympa !

22, rue Alphonse-Baudin, 11e • M° Saint-Sébastien-Froissart ou Richard-Lenoir
Tél. 01 48 87 60 01

Si à Paris, à vélo, on rattrape les autos, à Paris en tandem, on peut aussi se rouler des pelles ! La technique ? Assis dans le sens contraire de la marche, le premier pédale à l'envers. Le second, lui, dirige les opérations, guidon bien en mains. Tel est le baiser le plus fou parmi les plus fous, surtout sous un masque antipollution ! De la folie pure, contrairement à l'air que l'on respire. Ces baisers follement acrobatiques sont possibles grâce à la boutique Paris à vélo, c'est sympa, enseigne tout aussi sympathique.

Le matin à l'aurore.

Choisir un bel anticyclone pour gravir un bon pic de pollution.

Prudence : les automobilistes parisiens ne font parfois pas bon ménage avec les cyclistes.

Papouilles au zoo

Parc zoologique de Paris

Croisement de l'avenue Daumesnil et de la route de la Ceinture-du-Lac, 12e
M° Porte-Dorée ou Saint-Mandé • Tél. 08 11 22 41 22
parczoologiquedeparis.fr

La pluie ruisselle à travers la vitre ? Plutôt que de rester enfermé dans sa chambre, un couple de bécoteurs a-t-il mieux à faire que se chercher des poux sur la tête ? Mais oui, bien sûr ! Assister en direct au spectacle tendre et affectueux, voire comique, de l'épouillage des singes. En bons descendants des gibbons et des bonobos, voici l'occasion rêver d'imiter nos modèles hirsutes et d'amuser la galerie parmi les visiteurs du zoo. Fou rire garanti. Pour ce, le mouvement des lèvres sur le cuir chevelu de votre partenaire doit être absolument travaillé avec exagération. Il faut bien pincer les lèvres et les amener vers l'avant.

- À 17h, quand une pluie chaude simule un climat équatorial sur la capitale.
- Sous une averse estivale, la fête est plus folle.
- Prenons notre temps, comme nos homologues à poils et sans montre.

Sous une pluie de bisous

Parc André-Citroën

2, rue Cauchy, 15e • M° Lourmel

Même si prendre une douche sous les jets d'eau du parc André-Citroën est interdit, certains se mouillent à enfreindre le règlement pour aller chanter, avec ou sans parapluie, les grands classiques : *It's raining again* de Supertramp ou *I'm singing in the rain*, comme Gene Kelly. La tentation est grande : contrairement aux autres jets d'eau de Paris, ceux-là n'ont pas de bassin. Ils jaillissent d'une dalle posée à même le sol. Les amateurs de pieds nus s'en donnent à cœur joie. Ils peuvent aller se sécher dans les deux serres qui jouxtent les jets d'eau. Sentez comme les eucalyptus fleurent bon ! Toujours sous la serre, deux petits bancs en bois cultivent l'amour torride. Choisissez de préférence le banc sous les arbres à palmes. Exotisme oblige !

En fin d'après-midi.

Quand le drapeau est vert sur toutes les plages de France.

Chantez "I'm kissing in the rain".

Baiser caricaturé

Place du Tertre

18e • M° Abbesses et funiculaire de Montmartre

Sur la place du Tertre, vos baisers artistiques peuvent être immortalisés sur papier Canson ! Car vous trouverez toujours un caricaturiste désireux de vous allonger le nez au fusain, de vous gonfler les yeux, les lèvres, ou de faire ressortir au feutre vos taches de rousseur. Mais la pose est plutôt agréable car elle vous laisse le temps d'apprécier un piou, version longue ! En outre, au lieu d'exposer sur le meuble de la salle à manger le baiser "tiré à quatre épingles" de votre mariage, vous pourrez exhiber une léchouille sortie tout droit d'une bande dessinée dont vous serez les héros...

En fin de journée, les détails apparaissent moins.

Lorsque Montmartre envoie ses touristes se faire tirer le portrait sur les pistes de ski.

Maintenez la pose et ne bougez pas !

Amour dans toutes les langues

Mur des "Je t'aime"

Square Jehan-Rictus, place des Abbesses, 18e
M° Abbesses

Les amoureux avaient déjà leur fête, la Saint-Valentin. Aujourd'hui, ils possèdent leur lieu de rencontre : le mur des "je t'aime" au pied de Montmartre. S'y retrouvent placardées, gravées, déclinées, des tonnes de "je t'aime" conjugués dans toutes les langues. En bon disciple de Phileas Fogg, Frédéric Baron, le concepteur, rêvait d'un voyage autour du monde en 80... "je t'aime". À défaut de partir, il a demandé à son frère d'écrire la phrase magique en français, puis à ses voisins arabes, portugais, russes... d'en faire de même dans leurs langues respectives. Après avoir poussé maintes portes – en particulier celles des ambassades – il a récolté trois gros classeurs, soit une moisson de 311 "je t'aime". À vous, aujourd'hui, de vous frotter contre ce mur de *Assavakkit ; Munsmawa ; Te iubesc ; Ndakuyanda ; Rojai ju*... Un mur qui lie et... délie les langues (voir aussi page 123) !

🕓 À 8h du matin, pour éviter les touristes. Attention au décalage horaire.
☀ Bien qu'il n' y ait pas de saison pour dire "je t'aime"!
♡ Le petit square est bien caché.

Hymne aux amours célèbres

Hôtel Montmartre Mon Amour

7, rue Paul-Albert, 18e • Tél. 01 46 06 03 03
M° Anvers ou Lamarck-Caulaincourt

Les 4 étoiles de cet hôtel brillent de tous feux, à deux pas d'escarpin de Montmartre et de sa place du Tertre. L'ambiance feutrée et torride des chambres est signée par l'"atmosphériste" Sandrine Alouf et l'établissement est un hymne aux amours célèbres. À commencer par la chambre "Victor et Juliette" qui rend hommage à Victor Hugo et son égérie Juliette Drouet. Tandis que la chambre "Jean-Paul et Simone", déchaîne les passions avec son rouge vermillon, son orange vif et sa terre de Sienne... Aussi luxueuses, les chambres voisines font revivre les éternelles amours entre Édith Piaf et Marcel Cerdan, Jean Seberg et Romain Gary, Jeanne Duval et Charles Baudelaire, Lou et Guillaume Apollinaire, Tehura et Paul Gauguin, Paul Verlaine et Arthur Rimbaud... Puis le vôtre à présent !

À la nuit tombée.
En hiver, la chaleur du lieu n'en est que plus marquée.
Tout est fait pour.

Tournez manège !

Manèges anciens de Paris

7e, 12e, 16e, 18e et 20^e

Aux derniers temps de la valse des chevaux de bois, embrassez votre cavalier(ère) ! Au rythme de l'orgue de Barbarie ou de *Voulez-vous danser grand-père,* le bal des attractions pour petits et plus grands se tient sur la place de la Nation, au parc de La Villette, au pied du Sacré-Cœur ou de la tour Eiffel... Patinés, cabossés, le regard doux et fixe, les chevaux de bois accueillent sur leurs selles, depuis des générations, des enfants ravis et concentrés. Mais rien n'empêche les plus grands, et de surcroît les amoureux, de les enfourcher, pourvu que le monsieur du manège soit d'accord ! On monte, on descend, en admirant les cavaliers en herbe viser avec leur bâton les anneaux qui leur permettront, peut-être, de gagner un tour gratuit... Pour tourner ainsi tout un après-midi sans plus toucher terre.

🕓 17h.
❄ Quand la nuit froide commence à tomber.
♥ Vous êtes observés par les enfants.

Les baisers de l'enquiquineur

Sur les tapis roulants dans les couloirs du métro Montparnasse-Bienvenüe

Lorsque les voyageurs courent et bousculent les autres usagers pour ne pas manquer leur train, amusez-vous à vous rouler un patin sur les tapis roulants. Cela agace terriblement. Vous verrez, ça ne rate jamais ! Et qu'il est bon de sentir le roulis sous les pieds. En plus, les tapis sont à deux vitesses, pour varier les plaisirs.

Sur grand écran

Tandis que, en gros plan et en technicolor, les acteurs s'enlacent, surgissez de l'ombre ! Plantez-vous entre le public et l'écran, sous les applaudissements et les sifflets... C'est la montée des marches tous les jours, quand on s'aime !

Au feu vert, sur tous les axes rouges

Vous êtes au volant de votre voiture et, derrière vous, un chauffeur de taxi, un conducteur de bus ou tout autre excité du champignon vous échauffe les oreilles en klaxonnant à tue-tête, avant même que le feu soit passé au vert. Pas de panique ! Apprenez-leur à rouler... au palot ! Attendez le prochain feu et jouissez langoureusement, avec votre partenaire, de l'impatience des plus pressés. Un détail : n'oubliez pas le frein à main ou le pied sur la pédale de frein... Voici quelques endroits où l'exercice est périlleux mais amusant au possible : l'avenue des Champs-Élysées, les boulevards de Sébastopol et de Magenta, la rue de Rivoli...

4 Baisers de films

Dans les années 1940, le Japon censurait les baisers au cinéma. Idem en Inde mais, cette fois, la censure était confiée au projectionniste : à chaque baiser, il devait systématiquement éteindre la lampe du projecteur le temps des scènes "coquines". On imagine la projection de Don Juan, un film américain de 1926 qui ne compte pas moins de 127 baisers ! Depuis ses premières bobines, le cinéma d'outre-Atlantique a en effet mis les bouchées doubles en matière de bisous : il détient notamment le record du plus long baiser de cinéma, trois minutes et cinq secondes. Il fut échangé entre Jane Wyman, future Mme Reagan, et Regis Toomey. Le cinéma français, même si le French kiss n'est pas à la hauteur de sa réputation, a fait de Paris le décor de grands films d'amour, dans lesquels certaines étreintes restent mémorables.

Les Amants du Pont-Neuf

Pont-Neuf, 1er • M° Pont-Neuf

Que l'on ne s'y trompe pas, *Les Amants du Pont-Neuf* a été réalisé en grande partie à Lansargues, près de Montpellier, dans un décor reconstitué. Leos Carax voulait faire son film en s'affranchissant des problèmes d'autorisation et autres contraintes des tournages parisiens. Mais votre amant(e) n'y verra que du feu si vous lui assurez que c'est bien sur le Pont-Neuf parisien que Denis Lavant et Juliette Binoche ont dansé leur valse endiablée sous un feu d'artifice du 14 Juillet.

À minuit.

Le 14 juillet.

Sous la statue d'Henri IV.

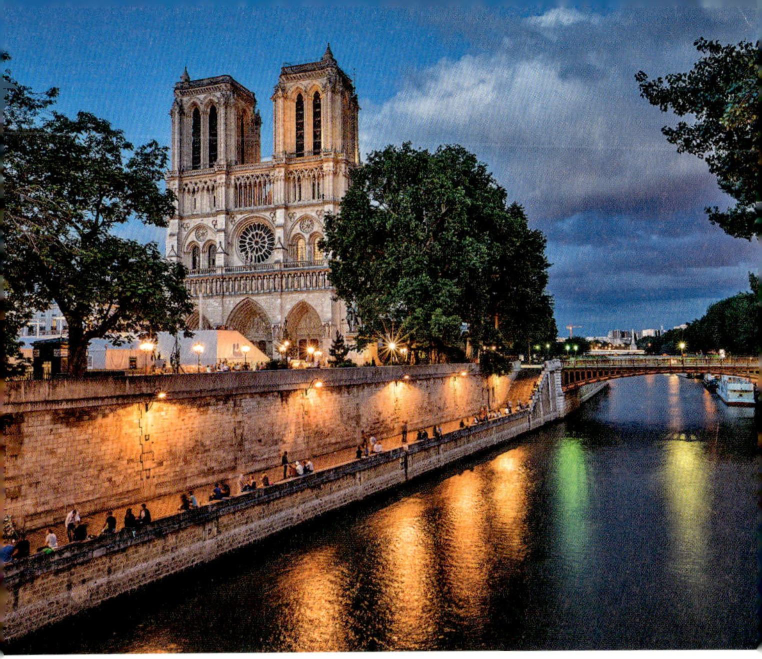

Le Diable s'habille en Prada

À l'angle de la rue des Grands-Degrés et de la rue du Haut-Pavé, 5e
M° Maubert-Mutualité

Mademoiselle, chétive que vous êtes, vous avez peur de vous laisser embrasser dans une ville étrangère, loin de chez vous, comme la jolie Anne Hathaway, alias Andy Sachs, dans *Le diable s'habille en Prada*. Vous balbutiez devant le charme du petit minet qui se tient devant vous. Quelle chance vous avez : il s'agit de Simon Baker, alias Christian Thompson. Mais attention, c'est un traître. L'histoire vous le dira. Petit hic ! Mademoiselle, vous êtes déjà prise, ne l'oubliez pas. Votre petit ami vous attend bien sagement à New York pendant votre voyage d'affaires où vous assistez Meryl Streep, alias Miranda Priestly, la rédactrice en chef du célèbre *Runway*. Pour l'instant, vous ne savez plus ce que vous dites et vous vous laissez embrasser. Dans son habit du soir, Notre-Dame de Paris apparaît en arrière-plan. Pour info, cette scène de baiser, 100 % américaine, est totalement absente du célèbre roman éponyme de Lauren Weisberger !

Après le dîner, avant l'hôtel.
Collection automne-hiver.
American kiss !

Tout le monde dit I love you

Quai de Montebello, 5ᵉ • M° Saint-Michel-Notre-Dame

Monsieur, vous devrez porter le nœud papillon et le complet noir. Comme Woody Allen. Pour cette reconstitution de *Tout le monde dit I love you* (1996), ne nous compliquons pas la vie, nous allons vous appeler Woody. Ca vous dit ? Pour cette scène d'anthologie, monsieur (Woody), vous devez porter madame en robe noire à bout de bras avec, en arrière-plan, dans l'obscurité, comme dessinée au fusain, la silhouette de Notre-Dame, première spectatrice de vos pas légers. Comme l'air et la douceur des quais. En prenant soin de placer délicatement votre main sous son talon aiguille avant de la soulever. Autant vous prévenir de suite : il faudra refaire plusieurs prises. Pour le final, chère madame (Goldie Hawn), prenez de l'élan afin de sauter au-dessus de monsieur. C'est sans doute la partie de cette scène la plus délicate à réaliser. C'est sûr que ce n'est pas tous les jours qu'on vole au-dessus de son mec !
Pour celles qui ont mal au dos, elles peuvent directement passer à la scène finale : se donner la main, s'avancer vers le bord de l'eau. Et ? Clap ! Encore un magnifique baiser de cinéma dans la boîte.

- Tournage de nuit, comme la scène originale.
- N'oublions pas que madame est en robe légère.
- Nous sommes à Paris, oui ou non ? !

Charade

Sur un bateau-croisière, vers le quai Bourbon, 5ᵉ • M° Saint-Michel

En 1963, *Charade* réunissait pour la première fois à l'écran Cary Grant et Audrey Hepburn. Dans ce film américain de Stanley Donen, Audrey Hepburn joue le rôle d'une femme qui découvre que son mari a été assassiné. Quatre copains de régiment de feu son mari poursuivent la belle Audrey : ils sont sûrs qu'elle sait où son époux a caché les lingots d'or. Cary Grant la poursuit jusqu'à Paris et lui propose son aide, mais elle ne sait pas si elle peut lui faire confiance. Après une scène mémorable où Cary Grant prend sa douche tout habillé, le couple se retrouve pour dîner sur un bateau-croisière. Tandis qu'ils sont sur le pont avant du bateau, ils aperçoivent sur un banc situé à l'extrémité du quai Bourbon un couple d'amoureux qui s'embrassent, puis un autre contre un arbre. “Cette lumière vous flatte”, glisse l'héroïne à l'oreille de Cary. Modestement, celui-ci répond : “C'est pour ça que je vous ai amenée ici !” Quelques minutes plus tard, par la magie du cinéma, ils échangent un baiser hollywoodien de dix secondes ! Cette scène, comme le reste du film, a été tournée en décor naturel. Aussi, sans tergiverser, prenez un ticket pour la croisière s'embrasse !

Extérieur nuit.
L'été sera chaud...
Happy end obligé.

Un monde sans pitié

Jardin du Luxembourg, 6e • RER Luxembourg

Pas de pitié pour Hippo ! Dans ce film d'Éric Rochant, Hippo (Hippolyte Girardot) est très épris de Nathalie (Mireille Perrier). Mais, au grand regret d'Hippo, Nathalie – normalienne brillante et traductrice de russe – est une "bosseuse". Ils arrivent malgré tout à se rencontrer et à échanger un baiser. Où se rendre pour le voler à ces personnages ? Facile ! Au jardin du Luxembourg avec, pour décor de fond, le Panthéon. Attention ! Pour nos deux colombes, le rendez-vous galant ne dure pas longtemps : Nathalie doit repartir travailler. D'où la révolte d'Hippo qui fulmine : "Il y a 30 000 nanas ici... y en a qu'une seule qui se casse et c'est celle qui m'intéresse." En haussant le ton, il lance à toutes les filles du jardin : "Mais putain, cassez-vous ! Cassez-vous toutes, allez travailler, allez voir vos... Russes, mais laissez-moi celle-là !" Cela ne suffira pourtant pas à retenir Nathalie. Espérons que, pour vous, la chance sera au rendez-vous !

- En plein après-midi.
- Par une belle journée d'automne.
- Spécial premiers rendez-vous.

Subway

Salle des correspondances de la station Auber du RER, 9e • RER Auber

Au milieu de la salle des correspondances (appelée aussi salle des échanges), au pied de la travée centrale des escaliers, Héléna (Isabelle Adjani) répond par un baiser à la question fatale de Fred (Christophe Lambert) : “Est-ce que tu m’aimes un p’tit peu ?” Avec une dimension moins tragique (car Luc Besson, le réalisateur, fait mourir son héros à la fin), fixez un rendez-vous entre deux correspondances à la station du RER Auber, afin de répondre par un petit piou à la question que l’autre pose toujours, un jour ou l’autre... M’aimes-tu un petit peu ?

Aux heures de pointe.

Au chaud ou... à l’ombre.

Debout, on vous regarde.

Drôle de frimousse

Gare du Nord, 10ᵉ • M° Gare-du-Nord

Dans cette comédie musicale de Stanley Donen (1957), à l'arrivée du train Londres-Paris, un photographe de mode interprété par Fred Astaire photographie Audrey Hepburn, censée représenter la femme américaine à Paris. Il lui donne quelques recommandations : "Aujourd'hui vous êtes triste, vous êtes un personnage de tragédie, Anna Karénine !" Innocemment, elle réplique : "Je me jette sous le train ?" Réponse du photographe : "On verra, pour le moment, vous vous sacrifiez." L'air espiègle, il poursuit : "Votre amoureux vous a donné un baiser d'adieu !" Ayant bien calculé son coup, il lui en fait, tendrement, la démonstration. D'abord surprise, Audrey Hepburn semble ensuite enchantée de ce geste… si galamment amené. Good job, M. Astaire ! Rivaliserez-vous ?

- Les horaires de l'Eurostar sont inflexibles.
- En tenue d'été.
- Soyez, vous aussi, original.

Les Chansons d'amour

Quartier du faubourg Saint-Martin, 10ᵉ • M° Château-d'Eau

Dans *Les Chansons d'amour* de Christophe Honoré, la rue du Château-d'Eau ainsi que les alentours du passage Brady sont le théâtre des scènes d'amour chantées entre Ludivine Sagnier et Louis Garrel. Après un baiser, avec la langue s'il vous plaît, comme dans le script, vous devrez chanter ceci en duo : "Mon petit ange voudrait que je chante ses louanges. Glo-ria ! Ma sainte relique demande son cantique des cantiques. Allé-lu-ia ! Peut-être est-ce pour ton odeur, ta façon de t'endormir. Peut-être aussi pour ta sœur, ton argent ou encore pire – je ne manque pas, pourquoi les taire, de bonnes raisons pour t'aimer." L'Albatros ou Brady, le cinéma culte, apparaît dans l'œuvre de Christophe Honoré (39, boulevard de Strasbourg). Tout comme l'enseigne du restaurant Le Réveil du 10ᵉ (au 35, rue du Château-d'Eau) ainsi que celle des Étoiles (61, rue du Château-d'Eau). Cette nuit, le quartier est à vous, pour les scènes de baisers chantés.

La nuit pour respecter le script.

Pour les longues écharpes en laine colorées.

Avec la langue.

Chacun cherche son chat

Pause Café • 41, rue de Charonne, 11e • M° Ledru-Rollin

Devant le Pause Café, troquet sympatoche de la Bastoche, donnez, monsieur, votre numéro de téléphone à une jolie fille, et n'oubliez pas de l'embrasser dans le cou. Vous ne serez pas le premier ! Dans *Chacun cherche son chat*, de Cédric Klapisch, Benoît (Bel Canto pour les intimes du café) gratifie ainsi d'un baiser sa délicieuse voisine de palier, Chloé, qui l'a aidé à déménager. Ce baiser donne des ailes à la jeune femme, qui s'élance en courant sur le trottoir de la rue de Charonne tandis qu'une poignée d'habitués, heureux, entonnent en chœur : “Paris, c'est une blonde…” C'est si charmant, parfois, les amours entre voisins.

À l'heure de l'apéro.
Robes à fleurs, de saison.
Un long baiser populaire pour les habitués.

Cléo de 5 à 7

Parc Montsouris, 14e • RER Cité-Universitaire

Mille fois plus fort qu'un baiser de cinéma, une douce caresse ! Du bout des doigts, Antoine effleure la joue de Cléo dans le film de 1962 *Cléo de 5 à 7*. C'est cette émotion, ineffable, qu'il vous faut reproduire au Parc Montsouris, là où Cléo (Corinne Marchand) fait la rencontre d'Antoine (Antoine Bourseiller). Cette rencontre est sans doute la plus touchante des scènes de cinéma tournées à Paris. Comme dans le film culte d'Agnès Varda, votre couple se tiendra la main. Avec une réplique à connaître par cœur. "Je regrette de partir. Je voudrais être avec vous", glisse Antoine. "Vous y êtes !", devrez-vous répondre, madame. Avec classe ! La dernière réplique est aussi pour vous : "Il me semble que je n'ai plus peur. Il me semble que je suis heureuse". Sachez que la rencontre entre Cléo et Antoine arrive tard dans le film. Le parc Montsouris, grâce à ce chef-d'œuvre, est devenu un haut lieu de la cinéphilie.

- A 18h09 pour respecter le script du film.
- Dans le piaillement des beaux jours.
- Juste une caresse sur la joue, désolé !

Le Dernier Tango à Paris

Sur les quais de la station aérienne Bir-Hakeim, 16e • M° Bir-Hakeim

Au cœur de ce film, vivement critiqué à sa sortie en 1972 pour sa violence sexuelle, une scène de combat "amusante" oppose Maria Schneider et son mari, Jean-Pierre Léaud. Sur les quais de la station Bir-Hakeim, le couple échange des coups de poings pour finir dans les bras l'un de l'autre. Les deux protagonistes s'embrassent, assis par terre, contre un banc, devant une affiche publicitaire. Essayez de faire de même et observez la réaction du public... Les scènes avec Marlon Brando, plus torrides, exigent par contre une intimité parfaite pour être interprétées sans dérapage aucun.

Heures de pointe.
Ça chauffe !
Après la bagarre.

Les Quatre Cents Coups

Place de Clichy, 17e • M° Place-de-Clichy

Où se donner un baiser adultère ? Contre les grilles du métro Place-de-Clichy, sur le terre-plein central. Mais ouvrez l'œil : l'étreinte buissonnière, c'est bien joli, mais votre sacripan de fiston peut aimer sécher les cours et vous surprendre dans les bras de votre jules ! Ainsi, vous rejouerez une scène fameuse des *Quatre Cents Coups* de François Truffaut, qui obtint pour ce film le prix de la mise en scène au festival de Cannes de 1959. Alors, tous en scène ! Silence ! On tourne un chef d'œuvre !

- Il n'y pas d'heure pour l'école buissonnière.
- Sous un manteau de fourrure, modèle 1959.
- Gare à votre petit Antoine...

La Bête humaine

Square des Batignolles et dépôt SNCF pont Cardinet, 17e • M° Brochant

"Lâchez-moi les mains, et ne me regardez pas comme ça, vous allez vous user les yeux", glisse la femme du sous-chef de gare au cheminot Jacques Lantier (Jean Gabin). L'action se déroule sur le petit pont du square des Batignolles. Ils s'étreignent, mais juste en face, dans le dépôt SNCF. Là, Jean Gabin fait monter sur sa locomotive la jeune femme. Mais cette fois-ci, il n'aura droit qu'à un bisou sur la joue. Ce n'est que plus tard, dans ce même dépôt, qu'une rencontre plus charnelle s'opérera à la nuit tombée : "Je t'attendais, je t'aime, Jacques", dit-elle... Jacques réplique : "Non ! C'est vrai, vous m'aimez ! Oh alors il faut que je vous le dise..." Mais il n'a pas le temps de déclarer quoi que ce soit car elle l'embrasse passionnément. Adeptes des rendez-vous frissons, acceptez les rancarts galants dans les sombres dépôts de gare. Mais prenez garde, la bête humaine est en vous, et souvenez-vous, avant d'aller plus loin, que le pauvre Jacques Lantier devient fou d'amour et tue sa belle avant de se laisser tomber du train.

- En plein jour, dans le jardin, en pleine nuit dans le dépôt.
- Le square des Batignolles est magnifique à cette époque de l'année !
- À la Gabin. Vous pouvez même rajouter sans en faire trop : "T'as de beaux yeux tu sais", l'illusion sera parfaite.

Le Dernier Métro

Théâtre de l'Atelier • 1, place Charles-Dullin, 18e • M° Anvers

Même si le film a été tourné en studio, le mythique théâtre de l'Atelier dont s'est inspiré François Truffaut pour *Le Dernier Métro* mérite le détour. Immiscez-vous dans les loges et fermez la porte. Bernard – c'est comme ça, monsieur, que vous vous appelez dans ce film (vous n'avez rien de Gérard Depardieu, qu'importe) –, vous devez plaquer votre héroïne contre le mur et imaginer que vous êtes face à Catherine Deneuve. Lorsqu'elle vous dira : "Bon, eh bien au revoir, Bernard !", embrassez-la, à la Depardieu. Si les choses se passent comme dans le film, votre partenaire vous avouera : "J'avais l'impression que vous entrepreniez quelque chose avec toutes les femmes, sauf moi." Alors, sans bégayer, il faudra répondre : "D'abord, ce n'est pas toutes les femmes, et puis vous m'intimidiez. Parfois, vous me regardiez sévèrement et même avec une certaine dureté." Vous compreniez de travers : c'était tout le contraire, elle était troublée par vous ! Logiquement, vous devriez vous allonger par terre et laisser parler le désir...

🕓 Attention à l'heure du dernier métro (avant 0h45).
❄ Mais sortez couverts !
♥ Le mari de Catherine Deneuve est enfermé dans la cave.

Paris

Basilique du Sacré-Cœur, 18e • Sur la dernière marche des escaliers
M° Anvers et funiculaire de Montmartre

Spot classique parmi les classiques : la dernière marche des escaliers du Sacré-Cœur. L'endroit précis que Cédric Klapisch a choisi pour, dans son film *Paris*, une scène de baiser tendre, posé sur la tempe de l'actrice Mélanie Laurent. "Tu as conscience que c'est complètement con d'être là", dit-elle à son fripon. "Ouais, mais ça fait du bien d'être parfois un petit peu con", lui répond ce dernier. Comme dans le film, il sera de bon ton de prévoir deux coupes de champagne. Mais pour nos acteurs, au moment de trinquer, le téléphone de Mélanie sonne. C'est Fabrice Luchini, son prof de fac et néanmoins amant. Un de plus. Il est en imperméable et regarde du haut de la tour Eiffel le Sacré-Cœur à l'aide d'une longue-vue. Celui-ci tombe sur le répondeur de la demoiselle. "J'ai laissé plusieurs messages et comme tu m'as dit que tu étais à Montmartre aujourd'hui, je vois le Sacré-Cœur d'où je suis, là. Je voulais simplement te dire que je pensais à toi. Voilà, je t'embrasse très fort, je t'embrasse", lui laisse-t-il comme message. Double baiser, donc, pour Mélanie Laurent. Qui dit mieux ?

🕓 À l'heure du champagne.
❄ Comme sur la pellicule.
♥ Petit baiser tendre à poser sur la tempe.

Le Fabuleux Destin d'Amélie Poulain

Basilique du Sacré-Cœur, 18ᵉ • Escaliers de la basilique
M° Anvers et funiculaire de Montmartre

Un premier baiser se mérite. Cela doit être, pour les plus romantiques, un véritable parcours du combattant. Pour votre premier rendez-vous amoureux, inspirez-vous d'Amélie Poulain et de son jeu de piste. Munissez-vous d'une craie bleue. Dessinez des flèches sur les escaliers qui mènent à la basilique du Sacré-Cœur et demandez-lui de les suivre. Elles conduisent jusqu'à une longue-vue panoramique au pied de la basilique. Vous aurez pris soin auparavant de pointer l'objectif vers l'endroit où vous serez posté(e) pour observer votre petit manège : les chevaux de bois. Tandis que votre amant(e) redescend quatre à quatre les escaliers, il ne vous reste qu'à vous esquiver en attendant le prochain rendez-vous. À vous de savoir si vous souhaitez, cette fois-ci, le (ou la) récompenser par un baiser. Si vous avez le petit côté joueur d'Amélie, faites-le (ou la) mariner...

- En plein après-midi.
- Quand les jupes à fleurs fleurissent dans les jardins du Sacré-Cœur.
- Après tant d'efforts, le (ou la) pauvre a besoin d'un petit remontant...

Casque d'Or

Rue Piat, rue du Transvaal, 20e • M° Belleville

Elle est blonde ? Belle ? Elle a de la gouaille ? Vous êtes fou d'elle? Faites un bond en arrière et imaginez-vous en 1952 sur la colline de Belleville. Jacques Becker, le réalisateur du chef-d'œuvre Casque d'Or, vous conduit sur la trace d'un baiser passionné qui va souder Simone Signoret, qui joue le rôle d'une prostituée, à Serge Reggiani, alias Manda. Le fiacre de Casque d'Or la dépose au sommet de la rue Piat. L'aménagement du parc de Belleville a aujourd'hui modifié le décor, mais qu'importe, le site est encore reconnaissable. À partir de là, que les hommes se méfient : la reconstitution de la scène impose de faire suivre le baiser d'une claque magistrale (administrée par Casque d'Or). Manda avait "oublié" de confesser qu'il était déjà fiancé. Aujourd'hui, le terrain où s'est déroulée la scène n'est plus vague...

À l'heure du déjeuner.
Profitez du parc de Belleville.
Attention à la claque !

Les Enfants du Paradis

Quartier de Ménilmontant, 20ᵉ • M° Ménilmontant

Dans ce film, le célèbre mime Debureau (Jean-Louis Barrault) brûle d'amour pour Garance (Arletty). "Comme vous êtes belle... Et la lumière de vos yeux..." Garance : "Oh ! la lumière, une petite lueur, comme tout le monde. Tenez, regardez les petites lumières de Ménilmontant. Les gens s'endorment et s'éveillent, ils ont chacun cette lueur qui s'allume et qui s'éteint... Mais vous tremblez, vous avez froid ?" s'inquiète-t-elle. "Je tremble parce que je suis heureux. Je suis heureux parce que vous êtes là, tout près de moi. Je vous aime. Et vous, Garance, m'aimez-vous ?" Garance : "Vous êtes le plus gentil garçon que j'aie jamais rencontré." Puis, après un mémorable "je vous aime", ils s'embrassent et Garance souffle alors cette réplique : "C'est tellement simple, l'amour !" À ce moment précis, un coup de tonnerre éclate sur la butte de Ménilmontant. Enfin, plus exactement, dans le studio Francœur (18ᵉ). Car les deux personnages n'ont pas eu la chance de vivre cette scène sur les authentiques pavés de Ménilmontant. Alors, immortalisez la vôtre en décor naturel !

Dans la nuit.

Frissons assurés.

C'est tellement simple, l'amour !

Les salles de cinéma
les plus romantiques

Plongé dans le noir d'une salle de cinéma, on se prend à frissonner au moindre contact de son genou contre le nôtre, on soupire, on sourit, on exulte. La magie opère dès les premières images, la mécanique du rêve aussi. Dans une jolie salle – exotique ou romantique –, on sera encore plus vite dans un bain d'émotion propice à l'érotisme ou au fantasme.
Pour flirter à votre guise, choisissez bien l'heure de votre séance en duo, étudiez bien la disposition des lieux et, surtout, évitez les voisins importuns !

Sous un ciel étoilé

Le Grand Rex

1, boulevard Poissonnière, 2e • M° Bonne-Nouvelle
Tél. 01 45 08 93 89 • legrandrex.com

L'adjectif "grand" est bien petit pour définir ce superbe cinéma parisien, qui nous fait voyager sous des cieux féériques. Les étoiles ne scintillent pas seulement dans vos yeux amoureux, mais aussi au plafond. Et ce, grâce à la projection d'un arc de lumière sur des particules de verre qui laissent s'éparpiller dans l'univers feutré de la salle une constellation magique. Mylène Demongeot et Gary Cooper s'y sont spécialement déplacés en 1957 pour inaugurer le premier escalator au monde installé dans un cinéma. Au Grand Rex, on voit la vie et le cinéma en grand ! Emmenez-y donc le grand amour de votre vie ou même votre petit(e) ami(e)...

À la séance de 11h, tranquillité garantie.
Exotisme assuré.
Version longue.

Mille et une nuits

Le Louxor

170, boulevard de Magenta, 10e • M° Barbès-Rochechouart
Tél. 01 44 63 96 96 • cinemalouxor.fr

En 2013, l'illustre cinéma Le Louxor renaît de ses cendres après une éclipse cinématographique longue de plus de trente-deux ans. Après avoir revêtu un costume de boîte de nuit antillaise sous l'enseigne La Dérobade et de plus grande discothèque gay de la capitale sous le nom évocateur de Megatown, le Louxor est enfin revenu à ses premières amours : les fauteuils où s'épanchent les cœurs et le faisceau bleuté du projecteur. Et ce, grâce à des associations de quartier qui ont tout fait pour que revive ce cinéma créé en 1921. Brillent ainsi de nouveau les étoiles, dans trois salles au total. La plus grande porte le nom du réalisateur égyptien Youssef Chahine. Au sous-sol, le plafond de la petite salle est voûtée comme l'anse d'un panier, en référence aux tombeaux égyptiens de la Vallée des Rois. À côté d'elle, la troisième salle d'un bleu égyptien laisse son plafond ciel vous plonger dans les mille et une nuits. Pour sûr, on reprend un billet quand on y a goûté.

- À la dernière séance.
- Pas d'hiver au Louxor.
- Dans les grands bras du Louxor, mi amor.

Dans un fauteuil pour deux

MK2 Bibliothèque

128-162, avenue de France, 13e
M° Bibliothèque-François-Mitterrand

Vous n'aimez pas être séparés, même le temps d'un film, par un accoudoir ? Qu'à cela ne tienne, une surprise est réservée aux amoureux indécollables : quatre banquettes à deux places, design et confortables, vous attendent, dans l'une des plus belles salles de Paris. Et si cela colle entre vous, champagne (il y a un bar très lounge dans l'enceinte du cinéma, le Café Bibliothèque).

En fonction des séances.
Les jours de pluie.
À moins que le film ne soit vraiment palpitant...

Près de beaux rivages

MK2 Quai-de-Seine • MK2 Quai-de-Loire

14, quai de la Seine et 7, quai de la Loire, 19e
M° Jaurès ou Stalingrad • Tél. 08 92 68 68 12

Aux beaux jours, les yeux rivés sur le canal, les cinéphiles clignent des cils sur le rivage du quai de Loire... Les deux multisalles installées de part et d'autre de l'eau proposent toutes deux des cafés avec terrasse où siroter une menthe à l'eau dans un cadre romantique. Les aficionados comme les amoureux adoreront les grands néons reprenant les répliques les plus fameuses du cinéma : "T'as de beaux yeux, tu sais !", "Atmosphère !" ou encore les "Je t'aime" rouge baiser... Achetez votre billet d'un côté, puis empruntez le bateau *Zéro de conduite* qui fait la navette avec l'autre ; installez-vous à l'arrière, admirez le bleu du ciel et volez-lui un baiser. La séance va commencer. Des affiches de films hantent le snack où grignoter. Un chocolat chaud pour l'hiver, une paille dans un grand verre l'été, le MK2 Jaurès est bien placé pour tourner une page romantique de votre histoire.

Un ciné en guise de sieste.
Pour profiter de la grande terrasse avec vue sur "la mer".
Comme au cinéma.

5

S'embrasser jusqu'à plus soif

Amateurs de plaisirs, sucrés ou non, courts, longs ou allongés, venez poser vos lèvres sur les tasses de café du Paris de la Belle Époque ou sur celles des petits troquets typiques dont sont criblées les rues de la capitale.

Un baiser qui balance

Le Baiser Salé

58, rue des Lombards, 1er • M° Châtelet
Tél. 01 42 33 37 71 • lebaisersale.com

Ne serait-ce que pour son nom, Le Baiser Salé mérite le détour. Au rez-de-chaussée, le grand comptoir en U vous ouvre ses bras, en signe de bienvenue. On se fait la bise ? Peut-être à l'étage, qu'en pensez-vous ? En effet, au premier, les baisers n'ont pas le même goût car ils se pratiquent dans une ambiance plus chaleureuse. Surtout vers les 23 heures, lorsque des concerts de musiques salsa, afro, jazz latino et autres mélodies colorées se succèdent au rythme des cymbales. Le mariage des musiques et des couleurs forme une palette de baisers venus de tous les horizons. Des cocktails de fruits frais soulagent les bouches ardentes. Bon voyage au pays du baiser salé. Attention, le billet pour cette destination musicale est un peu salé, lui aussi...

- Toute la nuit jusqu'à 6 heures du matin.
- Lorsque Paris dort sous la neige.
- C'est écrit sur l'enseigne !

Volutes partent en fumée

Le Fumoir

6, rue de l'Amiral-de-Coligny , 1er • M° Louvre-Rivoli
Tél. 01 42 92 00 24 • lefumoir.com

Le Fumoir se tient fièrement, tout en noir, face au Louvre. La flamme des petites bougies danse sur les tables. Le thé qui infuse dans de belles théières noires parfume l'endroit d'un bouquet de jasmin ou de bergamote. Vous avez choisi le fond du bar – la bibliothèque – pour vous dire des mots doux. La grande lampe sur le rebord de la fenêtre est le témoin de votre moment langoureux, dans un cadre boisé et ancien. Des jeux en bois font patienter les baisers retardataires, timides ; baisers que vous accompagnerez ensuite, si la faim vous titille, d'un velouté de carotte et gingembre, puis d'un dos de sandre aux aromates. Bonne continuation...

Du thé jusqu'au souper, il fait bon y flâner.
Pour regarder par les fenêtres les couples emmitouflés.
Ici, tout est fait pour !

Vue imprenable sur son cœur

La Nouvelle Seine

Péniche face au 3, quai de Montebello, 5ᵉ • M° Saint-Michel
Tél. 01 43 54 08 08 • lanouvelleseine.com

Pour épater votre promise et lui déclarer sa flamme, rien de mieux qu'une déclaration d'amour au pied de Notre-Dame. Mais pas dans un bateau vieillot pour touristes avec accueil désincarné et prix exorbitants, choisissez une toute jeune péniche, ouverte en 2013, qui propose dans sa belle salle de 120 places des spectacles d'humour (one-man-show, comédies, comique musical...) et des concerts acoustiques. Avant ou après le spectacle, on brunche ou on dîne dans la belle salle très lumineuse au mobilier design, tandis que le bar est ouvert en continu, pour un thé en journée ou un cocktail en soirée. Idéal pour faire des découvertes tant culinaires qu'artistiques dans un cadre enchanteur...

Après le spectacle, le soir, quand les lumières de Notre-Dame sont allumées.

Quand les arbres sur le quai sont en fleur.

S'enlacer langoureusement sur les fauteuils rouges pendant le spectacle.

En sirotant un thé à la menthe

Salon de thé de la Grande Mosquée de Paris

39, rue Geoffroy-Saint-Hilaire, 5e • M° Censier-Daubenton
Tél. 01 43 31 18 14

Croyants ou athées, amants ou mariés, rien ne vous empêche – car ce n'est pas un péché – de boire les trois thés à la Mosquée de Paris. Car la coutume exige que l'on boive trois verres. Le premier thé est âpre comme la vie, le deuxième (qui vous concerne plus directement) est fort comme l'amour. Le troisième, quant à lui, se montre suave comme la mort. Accompagné d'une petite pâtisserie orientale, le moment sera sacré et sucré. Tout comme vos lèvres ! Dernière chose : si vous avez besoin d'un petit remontant après l'étreinte, sachez qu'à la mosquée il n'est pas servi d'alcool.

14h-23h.
Sous la chaleur de juillet.
Vous êtes au cœur d'un monument religieux.

Dans le plus vieux café de Paris

Le Procope

13, rue de l'Ancienne-Comédie, 6ᵉ • M° Odéon
Tél. 01 40 46 79 00 • procope.com

Fondé en 1686, le Procope est le plus vieux café de Paris. Francesco Procopio dei Coltelli, un gentilhomme de Palerme venu ouvrir un bar à Paris, proposait à ses clients la dégustation d'un nouveau breuvage : le café. Inutile, donc, de réfléchir pendant des heures à ce que vous allez consommer… En entrant, sur votre droite, le salon Jean de La Fontaine reste fidèle aux poules, cigales, fourmis galantes qu'il invite entre ses quatre murs. Peut-être préférerez-vous la table à côté de la bibliothèque de livres anciens dans le fond du café. Après tout, le Procope était aussi le premier café littéraire du monde. Les grands maîtres de la littérature française s'y sont succédé. L'Encyclopédie de Diderot et d'Alembert a même vu le jour ici. Vous resterez bien manger ? Dans ce cas, demandez en priorité l'une des quatre tables dressées sur le balcon. Vous déjeunerez tranquillement au premier étage, sous le parasol.

- En fin de matinée.
- Afin de profiter du balcon.
- Dans le salon, un portrait de Jean de La Fontaine lorgne derrière votre épaule.

Baiser intello

Les Deux Magots

6, place Saint-Germain-des-Prés, 6e • M° Saint-Germain-des-Prés
Tél. 01 45 48 55 25 • lesdeuxmagots.fr

Dans les années 1950, Simone de Beauvoir et Jean-Paul Sartre s'y rendaient pour écrire deux heures par jour. Suivez leurs traces ; consacrez quotidiennement deux heures à mettre sur le papier vos sensations après un baiser donné aux Deux Magots. Vous verrez que les impressions changent d'un jour à l'autre. En cas de page blanche, exigez de renouveler l'expérience ! Ensuite, faites lire votre prose à votre coauteur et comparez. Il est toujours cocasse de décrire un baiser, surtout en confrontant deux points de vue. D'autres poètes, avant vous, sont venus ici taquiner la muse : Breton ou Desnos aimaient se rencontrer entre ces murs comme l'avaient fait Verlaine, Rimbaud et Mallarmé avant eux.

17h-20h.
Lorsque la pluie ruisselle sur les vitres.
Pour pouvoir en parler et philosopher !

Becs sucrés

Le Pavillon de la Fontaine

Jardin du Luxembourg, 6e • RER Luxembourg

Le Pavillon de la Fontaine, dit aussi "Chalet des Gaufres", est une grande histoire de famille. Les ancêtres de la patronne sucraient déjà les gaufres de nos grands-pères et grands-mères quand ils venaient fricoter dans les allées du Luxembourg. Quelle partie de rigolade lorsqu'il fallait essuyer ses lèvres toutes blanches ! Les chaises et les tables métalliques kaki qui ratissent les fines pierres de la terrasse évoquent toujours, par leur bruit singulier, des moments romantiques passés dans ce charmant salon de thé. Si, jadis, on ne servait ici que des gaufres, un choix beaucoup plus vaste est offert aujourd'hui. De nombreuses salades mélangées poussent même sur les tables disposées autour du chalet. Pour le dessert, en revanche, il est impératif de se couvrir les lèvres de la délicieuse poudre blanche en dégustant la traditionnelle gaufre au sucre.

De 14h à 17h.

Pour profiter de la terrasse.

Comme papi et mamie.

Dans l'intimité d'une ancienne maison close

Maison Souquet

10, rue de Bruxelles, 9e • M° Blanche
Tél. 01 48 78 55 55 • maisonsouquet.com

Bisous cinq étoiles au bar de la Maison Souquet ! Qu'il est triste parfois de lever le voile dans un guide sur une adresse que l'on aimerait garder secrète. Prestige parisien à l'état pur, écrin d'étreintes, bibliothèque de haute voltige aux murs, la Maison Souquet conserve le goût dans la bouche d'un sucre trempé dans un digestif de premier choix – un canard, autre nom de baiser de la Belle Époque ! À l'instar d'un amour illicite, son bar est caché. Ses boiseries camouflent de précieux effluves rendant ivre d'amour. Grandiose, sa cheminée souffle un air de grande dame qu'on n'oserait pas toucher.

- Rendez-vous pour le goûter.
- Pour la chaleur du lieu.
- Restons sobre, à l'image du décor signée Butler.

Pour se la jouer comme Arletty

L'Atmosphère

49, rue Lucien-Sampaix, 10e • M° Jacques-Bonsergent
Tél. 01 40 38 09 21

"Atmosphère, atmosphère !" La célèbre réplique de cinéma a pour décor le petit canal qui coule le long du bistrot – qui a aujourd'hui ses habitués. Sympathiques. Tous nostalgiques des vieilles chaises en bois, des vieux zincs et troquets d'antan, les assoiffés des bises à l'ancienne viennent ici prendre l'apéro, le digeo et une bonne bouffée d'atmosphère... dans la "gueule" ! Ambiance rétro, populo, où l'art dans les bars et la musique à gogo se partagent la scène. À lui seul, ce petit bar est un véritable plateau (de cinéma) où défilent demis, kawas et pastagas au milieu de la fine fleur de la vie parisienne et d'anonymes. Votre table est réservée : contre la vitrine, avec vue sur le canal.

L'après-midi.
Pour un petit chocolat chaud.
Ça ne froissera personne ici.

Chaud devant !

Ice Kube Bar

5, passage Ruelle, 18ᵉ • M° La Chapelle
Tél. 01 42 05 20 00

Vous avez à peine une demi-heure pour conclure ! C'est le temps que le serveur vous accorde, la présence étant limitée dans ce bar à la déco un peu "givrée". - 10 °C à l'intérieur ! Vous pénétrez ainsi dans une sculpture, grandeur nature, d'un bar 100 % glaçon (gla-gla). Ensuite, c'est avec des gants et une doudoune que vous devrez séduire. L'équipement est remis à l'entrée. Petits bouts de nez froids se réchauffent alors très vite, grâce aux trois shots de vodka servis. Les gorges s'enflamment au cœur de ces 20 tonnes de glaces sculptées. C'est le moment d'agir : les baisers-dragons ne sont pas loin. Les sentez-vous ? Tels deux geysers, ils naissent de l'intérieur du ventre pour jaillir sous forme de flammèches braisillantes...

- Entre chien et loup.
- Par temps de canicule, pour le grand frisson dans le dos.
- Igloo igloo igloo.

Galipettes au cabaret

Au Lapin Agile

22, rue des Saules, 18e • M° Lamarck-Caulaincourt
Tél. 01 46 06 85 87 • au-lapin-agile.com

Les yeux fermés et avec un peu d'imagination, vous parviendrez à entendre le chant des cigales. Vos vingt doigts de pieds en éventail se reposent sur le banc de votre mas provençal aux volets verts. L'acacia vous fait de l'ombre. Les vignes de Montmartre sont à deux pas sur votre gauche. Derrière la porte, chansons, humour et poésie sont de la fête. Doyen des cabarets, le Lapin Agile fut jadis tenu par Adèle, ex-danseuse de French cancan. L'ont beaucoup fréquentée Alphonse Allais et le peintre André Gill. Ce dernier en a même totalement modifié le décor. Il peignit en guise d'enseigne un lapin bondissant d'une casserole et tenant une bouteille. Les clients, parmi lesquels Max Jacob, André Salmon, Roland Dorgelès ou encore Guillaume Apollinaire, prirent alors l'habitude d'appeler le cabaret le Lapin à Gill, puis le Lapin Agile.

- À 20h15 pour le spectacle.
- Quand les grappes sont mûres.
- Ce n'est pas tous les jours que l'on s'embrasse à Montmartre.

Baiser planqué

Le Très Particulier

23, avenue Junot, 18e • M° Lamarck-Caulaincourt
Tél. 01 53 41 81 40 • hotel-particulier-montmartre.com

L'adresse vaut son pesant d'or. Ce n'est pas ici qu'on viendra vous chercher, derrière les grilles bien gardées, au fond d'une ruelle pavée et à l'ombre d'une végétation luxuriante. Flanqué de petites tables blanches, le jardin secret du bar de l'immaculé hôtel particulier est une oasis à l'écart du tumulte. Ici, une véranda où se régaler et là, un bar en sous-sol, à la lumière tamisée, où s'éclabousser d'un cocktail. Salon de thé en journée, le Très Particulier mue en bar à cocktails le soir. Ces derniers portent le nom d'icônes du cinéma à l'instar du "Laura Palmer", en référence au personnage de David Lynch dans *Twin Peaks*. Le baiser qui suit porte ainsi aux lèvres le goût de l'americano cocchi marié au citron vert et à la sauge. Sans oublier son soupçon d'absinthe. Autre cocktail détonnant : "l'Égoïste". Idéal pour les goujats qui ont des choses à se faire pardonner.

À partir de 18h, cocktail oblige !
Pour le jardin et son ambiance exceptionnelle.
C'est ici ou jamais qu'il faut conclure.

Douce folie

Café Chéri(e)

44, boulevard de La Villette, 19e • M° Belleville
Tél. 01 42 02 02 05

Son nom mérite que l'on s'y attarde, certes. Mais il n'y a pas que ça au Café Chéri(e). on cocktail "Sex on the beach" scotche sur place. Vodka, crème de pêche, sirop de fraise, ananas... un mélange fatal qui risque de vous transformer en papillons de nuit (le café ferme à 2 heures du matin). Vieux lustres aux ampoules rouge baiser, lumière orange, murs pourpres, ce bar anti-néons blafards incite aux rapprochements heureux. Et si le jour on surfe sur Internet en solo, des connexions amoureuses, plus charnelles, s'affichent aussi à toute heure.

Vers 19h, l'heure du mojito.
En été, on sort les tables d'écoliers.
Plus c'est long, plus c'est bon.

6 Bisous à la carte

Voici une fourchette de restaurants, plus romantiques les uns que les autres, pour assouvir les appétits les plus féroces mais aussi satisfaire les fins gourmets en matière de baisers. On le sait, quand on aime on ne compte pas. C'est pourquoi il ne se trouve ici pas le moindre tarif. Mais que les moins riches se rassurent : aucune adresse n'est hors de prix.

Alchimie secrète

Auberge Nicolas Flamel

51, rue de Montmorency, 3e • M° Rambuteau ou Arts et Métiers
Tél. 01 42 71 77 78 • auberge-nicolas-flamel.fr

Testez votre alchimie, ici-même. Il s'agit de la plus ancienne auberge de Paris, classée Monument historique. En 1407, l'illustre alchimiste Nicolas Flamel et son épouse, Dame Pernelle, font construire une maison de trois étages, dans cette rue de Montmorency, afin d'y accueillir les vagabonds. En échange, ils leur demandent juste de lire quelques prières à l'instar de l'inscription sur la corniche, restaurée au début du XXe siècle. Aujourd'hui, poutres apparentes, tomettes et pierres de taille, la maison est chaleureuse. Les amoureux de cette adresse ne partiront pas d'ici sans avoir goûté au chocolat poudre d'or de Nicolas Flamel. Pour la petite histoire, son testament indique qu'il avait réussi à transformer le plomb en or. Sans jamais avoir abusé de l'invention. Car la force de sa spiritualité surpassait – dit-on – la faiblesse de la cupidité et de la convoitise...

À 21h !

Pour les légumes d'automne.

La poudre de chocolat est tenace sur les lèvres.

La magie du Marais au petit matin

Bar de Jarente

Place du Marché-Sainte-Catherine/5, rue de Jarente, 4e • M° Saint-Paul
Tél. 01 48 87 24 20

Cette coquette place pavée offre un avant-goût de vacances dans le sud de la France. Les quatre bancs situés sous la rangée d'arbres sont le clou du voyage. Tout autour, les terrasses des cafés-restaurants colorent la place. Mais c'est au BDJ (Bar de Jarente) au petit matin, autour d'un café-croissant, que les charmes de cette merveille se révèlent le mieux. Levez-vous tôt (ou ne vous couchez pas) et partez donc en Robinson explorer le Marais au soleil levant.

Le plus tôt possible.
Incognito.
Goûtez sans réserve aux fruits défendus.

Cliché du Paradis

Les Degrés de Notre-Dame

10, rue des Grands-Degrés, 5e
M° Saint-Michel ou M° Maubert-Mutualité • Tél. 01 55 42 88 88

L'enseigne en fer forgé de l'hôtel-restaurant ne pouvait pas mieux tomber : sous un lit, deux oiseaux picorent une grappe de raisin dans une corbeille de fruits. L'adresse semble ne pas être étrangère aux amoureux. À droite de la porte d'entrée, une petite table dans un coin est justement dressée pour eux. Mais avant le repas, testez la terrasse, propice aux apéritifs et préliminaires. De celle-ci, vous contemplerez une scène exclusivement parisienne : les bouquinistes d'un côté, Notre-Dame de l'autre. Si le dîner se dénoue suivant vos souhaits, l'hôtesse d'accueil vous confiera la clé d'une des dix chambres au-dessus de la salle de restaurant. La cage d'escalier qui conduit au septième ciel est ornée d'œuvres d'art peintes directement sur les murs (vues du quartier, du bois de Boulogne et de la tour Eiffel autrefois).

Du dîner jusqu'au petit matin.
Quand les feuilles jaunes tombent sur la terrasse.
Quelle question !

Dans l'intimité d'un salon particulier

Restaurant Lapérouse

51, quai des Grands-Augustins, 6ᵉ • M° Saint-Michel
Tél. 01 43 26 68 04 • laperouse.com

Depuis 1766, les couples possèdent leurs salons particuliers, deux petites pièces de 5 m² équipées chacune d'une table ronde, d'une banquette et d'un miroir. Sur ce dernier, les "cocottes" gravaient leurs prénoms, une façon originale de tester la qualité des diamants que ces messieurs leur offraient. Car à la Belle Époque, ces salons permettaient aux couples illégaux de se rencontrer. Lapérouse était un lieu privé, et les hommes en noir chargés des constats d'adultère pouvaient toujours "aller se rhabiller". La banquette en velours rouge est suffisamment large pour y faire une petite sieste en toute intimité avant... Soyez sans crainte, vous ne serez pas dérangés : le maître d'hôtel n'entre dans votre salon que lorsque vous l'avez "sonné" grâce à une petite cordelette.

- Peu importe l'heure, pourvu qu'on ait l'ivresse...
- Quand vin, champagne et cognac Lapérouse sortent des fûts.
- C'est étudié pour !

À s'en faire tourner la tête

Le Ciel de Paris

Tour Montparnasse, 56e étage, 15e • M° Montparnasse-Bienvenüe
Tél. 01 40 64 77 64 • cieldeparis.com

Offrez-lui la Lune ! Ce soir, tout est possible. Le Ciel de Paris est à vos pieds. Au 56e étage de la tour Montparnasse, ce restaurant panoramique vous plonge la tête dans les étoiles, le temps d'un grand rendez-vous gastronomique. Si, après le homard, le caviar ou le foie gras, vous daignez relever le nez de votre assiette, vous succomberez sans aucun doute au charme de votre invité(e), qui brille au milieu de toutes ces lumières de la ville. Un conseil, demandez une table légèrement en retrait des fenêtres, la vue y est plus intéressante.

Du coucher de soleil au milieu de la nuit.
Évitons d'avoir la tête dans les nuages…
Nous ne sommes pas montés si haut pour nous priver, n'est-ce pas ?

Échappée belle

Le Wagon Bleu

7, rue Boursault, 17e • M° Rome
Tél. 01 45 22 35 25 • wagonbleu.fr

C'est le moment de fuir le train-train quotidien, de couper les ponts avec les autres, de s'envoler vers les rails imaginaires du Wagon Bleu. Ce restaurant au visage voyageur a pris racine dans un wagon rénové du mythique train de l'Orient-Express. Sans bouger de votre banquette boulonnée dans le 17e arrondissement, alors que vos envies d'ailleurs défileront à travers la vitre, vos deux corps resteront figés le temps d'un trajet dans le sud de la France via des plats copieusement ensoleillés. La spécialité ? La charcuterie corse. Vous n'en reviendrez pas !

Le ticket est poinçonné jusqu'à 22h30.
Baisers corsés.
Le voyage est long entre l'entrée et le dessert. Il y a de la place pour un baiser au long court.

Sous le soleil exactement

Le Bistrot des Dames

18, rue des Dames, 17e • M° Place-de-Clichy
Tél. 01 45 22 13 42

C'est un secret que l'on vous livre ici ! La salle principale du Bistrot des Dames est presque trop banale, cela cache quelque chose ! Allez voir de plus près : un petit jardin secret et coloré (ouvert seulement aux beaux jours) et une véranda offrent aux déjeuners parisiens un billet doux sous le soleil. Au fond de ce jardin, un hôtel de caractère, l'Eldorado, fait la sieste sous les branches d'un bel arbre, au pied duquel sommeillent de petits guéridons et des chaises pliantes. À goûter sans modération.

- Pour un déjeuner (presque sur l'herbe).
- Moules à l'anis en apéro et en terrasse, ça vous dit ?
- L'hôtel Eldorado voisin vous tend les bras pour une sieste coquine.

Pour enlacer son âme soeur

Moncœur Belleville

1, rue des Envierges, 20e • M° Pyrénées, Couronnes ou Belleville
Tél. 01 43 66 38 54 • moncoeurbelleville.com

C'est avant tout pour la terrasse qu'on vient au Moncœur Belleville. Une terrasse au-dessus du tout Paris, sur une magnifique petite place. Si votre âme sœur vous pose un lapin, un tête-à-tête avec la tour Eiffel vous consolera. Enfin, façon de parler car vous ne serez jamais seul. Surtout pas le dimanche pour le brunch, qui reste une institution. Côté fourchette et papilles, plaisir gustatif, innovant, pétillant... assuré. Tout comme les cocktails explosifs. Les tarifs sont à l'image de ce quartier populaire et attirant. Vous ne vous étoufferez pas au moment de l'addition, même si le site est époustouflant. En plus, les produits de saison ne sont pas boudés par le chef. Ce qui ne gâche rien. Et pour adoucir l'ensemble, la musique live est au rendez-vous.

Au crépuscule, of course, pour la vue et son sunshine.
Dans la douceur de l'automne.
Ce n'est pas tous les jours qu'on vous offre un tête-à-tête avec la tour Eiffel.

7

Les amoureux des bancs publics

Expert en la matière, Georges Brassens chantait déjà : “À la vérité, ils sont là, c’est notoire, pour accueillir quelque temps les amours débutants. Les amoureux qui s’bécotent sur les bancs publics… en s’disant des je t’aim’ pathétiques, ont des p’tites gueules bien sympathiques !” Mais attention ! Le règlement des parcs et jardins de la Ville de Paris prévient : “Le public doit conserver une tenue décente et un comportement conforme aux bonnes mœurs et à l’ordre public…” Il vous appartient donc de jongler entre les interdits et vos désirs de galopins. Ne pas oublier, quoi qu’il en soit, que c’est “sur un d’ces fameux bancs qu’ils ont vécu le meilleur morceau de leur amour”…

Bécots aristos

Place des Vosges

4ᵉ • M° Bastille, Chemin-Vert ou Saint-Paul

Victor Hugo fut locataire, entre 1832 et 1848, du n° 6 de la place. Il y écrivit *Les Misérables*. Marion Delorme, héroïne d'un de ses drames mais aussi maîtresse de Condé et de Richelieu, habitait au 11. Bossuet logeait au 17, Richelieu au 21, Théophile Gautier et Alphonse Daudet au 8. Ces gens du beau monde passaient du bon temps dans le jardin situé en bas de chez eux. Mais quel était leur banc préféré ? Peut-être celui posé en face de l'entrée, au niveau du 7 ? Il est, en tout cas, agréablement situé pour écouter le concert du dimanche après-midi, donné sous les arcades par une petite formation philharmonique. Ce banc vous fera vibrer comme les cordes d'un violon.

- Dès 14h le dimanche.
- Sous la pluie afin de rendre les violons plus mélancoliques.
- Jetez un coup d'œil autour de vous au cas où M. Hugo serait posté à sa fenêtre…

Seine d'amour

Square Barye

4e • M° Sully-Morland

Regardez passer les bateaux sur la Seine en suçant une glace Berthillon... et vous aurez goûté au bonheur ! Un bonheur qui se trouve au bout du square Barye. Cinq bancs sont scellés pour l'éternité à la pointe de l'île Saint-Louis. Sur votre droite, les silhouettes des sculptures en plein air se profilent à l'horizon, sur le quai Saint-Bernard. Tout droit, sur le pont d'Austerlitz, passe le métro aérien. En contrebas, le quai (ou la plage) de Béthune expose, quand le climat le permet, sa cargaison d'hommes bronzés. Par temps de pluie, des saules pleureurs laissent tomber leurs larmes vertes sur la Seine. Et quand souffle le vent, des bises sont semées à la volée, par tous les bien-aimés venus creuser leurs petits sillons de bonheur.

À la fraîche à partir de 22h.

Au moment des semailles de printemps.

Qui s'aime beaucoup récolte de longs baisers.

“Cèdre”-moi fort dans tes bras

Jardin des Plantes

Place Valhubert, 5e • M° Censier-Daubenton

Un petit banc de pierre encercle le tronc d'un magnifique cèdre du Liban. Vous enlacez vous-même une belle plante : que rêver de plus pour être heureux ? Georges Brassens ne chantait-il pas “auprès de mon arbre, je vivais heureux” ? Sur les branches, deux pigeons se serrent, eux aussi, l'un contre l'autre. Le bonheur est partagé ! Remercions Bernard de Jussieu qui, en 1734, a rapporté les graines de ce cèdre dans son chapeau, selon la légende. Du pied de l'arbre, vous apercevez le petit kiosque du Jardin des Plantes. Un chemin en lacets mène jusqu'à ce pigeonnier des amoureux d'où peuvent s'envoler 17 000 becs. De là-haut, la vue est verte et splendide.

Entre 17h et 18h.

Lorsque les robes d'été fleurissent.

Les pigeons se gênent-ils, eux ?

À la claire fontaine

Fontaine Médicis

Jardin du Luxembourg, 6e • RER Luxembourg

La duchesse de Berry, fille du Régent, passait les nuits d'été dans le jardin, en compagnie, dit-on, de charmants polissons. En ce qui vous concerne, vous ne pourrez flâner dans les allées du célèbre jardin que le jour. Ainsi, amants diurnes, cachez-vous derrière les arbres de la fontaine Médicis tout comme Galatée se réfugie dans les bras de son amant, Acis. Faites-vous discrets afin que Polyphème, l'affreux mari, ne vous surprenne pas. Cette composition a jadis fait couler beaucoup d'encre et excité copieusement les passions des esprits les plus prudes ; quelque temps après son exposition dans le jardin du Luxembourg, un "jaloux" aspergea d'encre la blancheur éblouissante du corps de Galatée.

- Aux petites heures givrées.
- Dans les blanches allées.
- Que serait le jardin du Luxembourg sans ses langoureux baisers ?

Romance à livre ouvert

Square Gabriel-Pierné

Angle des rues Mazarine et de Seine, 6e • M° Pont-Neuf

Dans le romanesque square Gabriel-Pierné, il est temps de passer à l'acte et de trouver une idée originale pour séduire votre damoiselle ou damoiseau. Poussez la romance, ciel ! Racontez en chanson l'histoire d'un homme et d'une femme assis, comme vous l'êtes, sur un livre ouvert, sculpté dans de la pierre. Et improvisez ! Pour ceux ou celles qui ont moins d'imagination, debout sur le banc, chantez-lui : "C'est un beau roman, c'est une belle histoire", racontez-lui que vous vous êtes rencontrés "sur le bord du chemin et que c'était un jour de chance"... Mieux encore, imaginez que vous êtes les deux héros d'une belle histoire d'amour dans cette "ville aux cent mille romans", comme l'a écrit Balzac. Une statue de Marcello Tommasi de 1968, au joli prénom de Carolina, donne de gracieuses formes au square. Attention, le déhanchement de Carolina risque de vous faire tomber du banc.

À l'aube d'une histoire d'amour.
Aux bourgeons.
Comme dans les romans.

Péchés de Babylone

Jardin Catherine-Labouré

33, rue de Babylone, 7e • M° Sèvres-Babylone

Cela ne ressemble pas à Babylone ! Au contraire, ce lieu, rebaptisé jardin Catherine-Labouré (canonisée en 1947), est un ancien potager de religieuses. Alors, de grâce, surveillez vos manières ! Aujourd'hui ne poussent plus tomates, carottes et poireaux mais pommes, cerises, groseilles et noisettes, le jardin étant devenu un véritable verger. Miracle ! On voit même des enfants marcher sur les pelouses. Sur celles-ci fleurissent, par les belles journées d'été, des nappes vichy rouges, à l'ombre des arbres fruitiers. Les déjeuners sur l'herbe sont légion et de saison. Les épouses d'ambassadeurs (on est dans le quartier) y promènent aussi les petits... hauts (fonctionnaires) comme trois pommes. De nombreux massifs d'arbustes abritent les douces étreintes. Et, au fond du jardin, derrière les tilleuls ou les vignes, pourquoi vous refuseriez-vous le plaisir sucré d'une délicieuse religieuse ?

Entre 12h et 14h.

Les arbres en fleur sont blancs et roses.

Allongés sur la pelouse.

Bouche-à-bouche au bois

Lac des Minimes

Bois de Vincennes, 12e • M° Porte-Dorée

De petites barques avancent paisiblement dans la brume matinale, tandis qu'en tenue d'athlète vous éprouvez quelque difficulté à boucler le tour du lac des Minimes en petites foulées. Qu'importe ! Faites donc une pause à la cascade. Si votre fierté vous l'interdit vis-à-vis de celui ou celle qui vous a sorti(e) du lit douillet, simulez une crise d'hypoglycémie. Exigez alors le bouche-à-bouche que vous méritez. Il (ou elle) ne pourra pas vous le refuser car le lieu se prête plus à une séance de câlins qu'aux exploits olympiques. En fermant un instant les yeux, vous pourrez avoir l'illusion d'être transporté(e) en pleine campagne. Une campagne artificielle, certes, mais c'est tout de même un des rares endroits du bois où vous n'entendez pas le bruit des voitures.

- À 5h en tenue de combat, au chant du coq !
- Pour se croire davantage en montagne.
- Bouche à bouche.

Un site à draguer...

Parc Montsouris

14e • RER Cité-Universitaire

Le jour de l'inauguration du parc Montsouris, le lac artificiel de près d'un hectare se vida en raison d'une malheureuse erreur de construction. Endroit de prédilection pour... draguer ! Après avoir trouvé votre petit trésor, emmenez-le sous le beau hêtre tortillard. N'y allez pas par quatre chemins, de toute façon il n'y en a qu'un. Ce fagacée, le pied dans l'eau, attend son tour depuis des années devant la Bonbonnière, buvette du parc où l'on suce des glaces chocolat, fraise, praliné, pistache... À deux pas de là, proposez-lui enfin d'aller faire un tour de petits chevaux et cochons de bois roses.

En dehors des heures de sortie des centres aérés, vous éviterez ainsi de faire la queue devant la Bonbonnière !

À cause des glaces à la fraise.

Spécialement sous le hêtre tortillard.

Bises and love

Cité universitaire

37, boulevard Jourdan, 14ᵉ • RER Cité-Universitaire

Au cœur de la cité U, enlacés, roulant dans l'herbe, on écoute "Tom à la guitare, Phil à la kena". Pendant ce temps, John, étudiant en mathématiques, coiffe les blonds cheveux bouclés de Pétula et lui chante quelque chose dans le genre : "Pour toi ma princesse j'en ferai des tresses et dans tes cheveux, ces serments ma belle te rendront cruelle pour tes amoureux..." Le décor est planté ! Sous les arcades, l'aubade devance encore le rap. Dans ces conditions, rejoignez la communauté des étudiants pour perfectionner les tendres baisers. Entrez dans la ronde au n° 37 du boulevard Jourdan. Et sans plus attendre, faites tourner le pavot... le palot, pardon !

De 12h à 14h.

Octobre, après les grandes vacances.

C'est de votre âge, que voulez-vous !

Baisers sous les tropiques

Serres d'Auteuil

1 bis, avenue de la Porte-d'Auteuil, 16e • M° Porte-d'Auteuil

Si un Marseillais vous raconte avoir vu ici des poissons rouges de la taille d'une demi-jambe… faites-lui confiance ! Ces poissons évoluent dans le bassin d'une des surprenantes serres d'Auteuil, construites à la fin du XIXe siècle sur les anciennes pépinières de Louis XV. Le climat tropical qui y règne déclenche des envies de baisers sauvages et torrides. Maîtrisez-vous. Jane, prenez doucement votre Tarzan du jour par la main et entamez un tour éducatif des cent différentes espèces végétales (palmiers, hibiscus d'Asie tropicale, caféier, manguier, goyavier-fraise, tulipes créoles du Brésil…). Plus loin, dans une volière, flirtent une perruche et un mandarin. Sur un petit pont de bois, un couple d'amoureux, graves, gravent leurs initiales dans l'écorce d'un gigantesque bananier. Un sifflet strident met fin à ces débordements littéralement contre-nature et annonce, car il est déjà 19 heures, la fermeture de cette oasis qui dépayse Parisiens et… Marseillais.

- En fin d'après-midi.
- Pour le dépaysement.
- Allez, Tarzan, montrez-lui que vous êtes un homme !

Verts vers

Square des Poètes

Avenue du Général-Sarrail, 16e • M° Porte-d'Auteuil

Molière, Racine, Ronsard, Lamartine, Baudelaire, Mallarmé et bien d'autres poètes illustres vous invitent dans leur jardin. "Viens ! Je te dirai des choses si blanches, que ni les pervenches, ni les blancs muguets n'auront recueilli, tapis sous les mousses, de phrases plus douces..." Ces vers d'Ernest Fleury, exaltant la nature comme tous les autres, sont gravés sur une stèle posée en bordure de l'allée où viennent flâner les jeunes, vieux, ou pas encore... mariés. De nombreux bancs permettent de faire des pauses (ou coupes à l'hémistiche). Notamment celui de Rosemonde Gérard : "Sur le banc familier, tout verdâtre de mousse, sur le banc d'autrefois nous reviendrons causer, nous aurons une joie attendrie et très douce, la phrase finissant toujours par un baiser." Concentrez-vous, et vous trouverez peut-être la rime manquante au mot poème. Allez, dites-le ! Je, je t'...

Le dimanche matin, pour éviter le bruit des voitures.

Selon une stèle de Fernand Gregh : "Il n'est rien de plus beau qu'une fleur en avril sinon la feuille d'or qui tombe au vent d'automne."

Osez vos rimes embrassées !

Promenons-nous dans le Bois

Bois de Boulogne

16e • M° Porte-d'Auteuil, Les Sablons ou La Muette

"Les mariages du bois de Boulogne ne se font pas devant M. le curé." Ce vieux dicton du XVIIe siècle montre combien le Bois était un lieu de rendez-vous peu conseillé aux amoureux. Sous le Second Empire, en revanche, il était recommandé d'être vu autour du lac de 14 à 16 heures en hiver et de 15 à 18 heures en été. L'empereur et l'impératrice aimaient également s'y montrer. Lorsqu'Eugénie descendait de voiture pour se dégourdir les jambes, un inspecteur avait pour mission de repousser les jolis cœurs trop attentionnés. Quant à l'empereur, qui n'était point grand marcheur, il préférait suivre dans son phaéton, qu'il conduisait lui-même. À la Belle Époque, la promenade "au Bois" était toujours obligatoire pour la haute société. Mais les heures de sortie n'étaient plus les mêmes. Il fallait absolument y être vu entre 11 heures et midi, si l'on voulait avoir quelque chance d'être dans *Le Gaulois*, journal officiel du beau monde.

🕓 Les jours de semaine aux heures de bureau afin d'échapper aux sportifs (ou pendant un grand match de football retransmis à la télévision).

❄ Pour éviter la foule et patiner près du lac gelé

♡ Obligatoire !

Ça batifole aux Batignolles

Square des Batignolles

144, rue Cardinet, 17e • M° Brochant

Si vous pensez au mariage et que vous n'avez pas encore trouvé le décor idéal, rendez-vous sans attendre au square des Batignolles. Pour obtenir un beau flou artistique, voici un conseil de professionnel : retirez son collant à la mariée et placez-le, tendu, sur l'objectif. À défaut de collant, faites du bouche-à-bouche à votre appareil pour former un voile de buée. Enfin, un dernier truc qui peut vous sauver la vie : si votre photographe prend son temps et que la nuit tombe, sortez du cadre en criant et hâtez-vous de gagner les portes de sortie du jardin car on a déjà retrouvé, derrière les buissons, des cadavres de femmes découpés en petits morceaux... À part ce léger détail, le cadre est très romantique. Les oiseaux gazouillent au printemps et les fleurs couleur de sang sont rouges naturellement. Cependant, tournez tout de même votre langue sept fois dans la bouche avant d'embrasser un inconnu dans le square des Batignolles et, en toute hypothèse, refusez avec la dernière énergie qu'il vous embrasse dans le cou...

Évitez les sorties de poussettes.

À la saison des mariages !

Au moment des photos !

Adam et Ève en vacances

Jardin sauvage Saint-Vincent

17, rue Saint-Vincent, 18e • M° Lamarck-Caulaincourt

Où iraient Adam et Ève, en visite à Paris ? Au jardin sauvage Saint-Vincent, évidemment ! Car seule dame Nature est la jardinière de ce jardin pas comme les autres, qui n'abrite que des plantes sauvages. On y trouve, par exemple, la “douce-amère”, une plante grimpante qui rampe comme le serpent, témoin de vos turpitudes. Comment ne pas croquer la pomme dans ce lieu si sauvage ? On y trouve encore la chélidoine et ses jolies fleurs violettes aux étamines jaunes. Attention, cette plante est très toxique. N'espérez pas, après cette journée si douce en compagnie de votre amant(e), en mettre dans la soupe d'une épouse acariâtre ou d'un mari gênant : il est formellement interdit... de cueillir les herbes. Ce petit paradis, idéal pour les amours en friche, ne recueille cependant que les flirts éclos au printemps et en été. Ses portes ouvrent, en effet, d'avril à octobre, le premier dimanche de chaque mois, de 10h30 à 12h30 et le troisième mercredi du mois, de 14h30 à 16h30. L'équilibre fragile de cet éden doit être préservé.

Voir ci-dessus.
Adam et Ève prennent toujours leurs vacances au printemps, saison paradisiaque !
Près du petit étang.

Bons baisers de la Butte

Parc de la Turlure

Entrée rue du Chevalier-de-La Barre ou rue de la Bonne, 18e
M° Abbesses ou funiculaire de Montmartre

Au-dessus de la cascade artificielle du parc de la Turlure, deux canapés d'angle donnent l'impression d'être dans son salon. Un seul détail : ils sont en pierre. Mauvaise nouvelle pour les couples qui n'apprécient que le confort de leur divan à ressorts ! Pour les autres, l'intimité est préservée. Malgré la foule des touristes brassée par le Sacré-Cœur, le parc de la Turlure est souvent très calme et désert. Ainsi, vous pouvez, à votre aise, vous allonger sur votre canapé, la tête sur ses cuisses. Mieux que la télévision, la superbe vue plongeante... sur Paris vous réserve une sacrée soirée en perspective. Écran panoramique...

Évitez les heures de sortie autorisées par la Sécurité sociale pour ne pas entendre parler de tumeurs molles ou de congestions cérébrales...

Parce qu'il y a moins de touristes et que les vignes ne sont pas loin.

Comme à la maison !

Vertiges de l'amour

Parc des Buttes-Chaumont

Entrée rue Manin, 19e • M° Buttes-Chaumont ou Botzaris

C'est grâce à Napoléon III que les amoureux d'aujourd'hui peuvent s'embrasser dans le parc des Buttes-Chaumont. Chapeau ! Lui-même amoureux des jardins anglais, Louis-Napoléon créa entre 1865 et 1867 cet immense espace vert parisien. Les adeptes du baiser "nature" lui doivent aussi, notamment, l'aménagement du parc Montsouris, des bois de Boulogne et de Vincennes. Ne cherchez plus, l'endroit rêvé pour vous câliner pointe à l'horizon. Il s'agit du kiosque qui domine le parc et qui procure aux baisers une sensation de vertige. Vous êtes décidément dans un lieu chargé d'histoire. En effet, c'est de ce point culminant que, le 30 septembre 1814, le tsar Alexandre Ier a donné l'ordre de cesser les combats, après avoir contemplé un Paris en flammes et en larmes. Quant à vous, ne baissez pas les bras ! Glissez-les plutôt autour de sa taille. Et repartez à la charge.

Le plus tard possible.

Le 30 septembre, date anniversaire de la fin des hostilités.

Un baiser de paix doit être long.

Le dico du bécot...

Ou les mille et une façons de parler du baiser

Afin de mettre tout le monde d'accord, les dictionnaires de la langue française proposent à peu près tous la même définition... malheureusement dénuée de toute poésie et on ne peut plus technique :

BAISER *n.m.* Écrit vers 980 "baisair", substantivation de l'infinitif du verbe "baiser", le baiser désigne l'action d'appliquer ses lèvres sur une partie d'un être ou d'une chose en signe d'affection, de respect ou d'amour. D'après le Dictionnaire historique de la langue française, le baiser n'a pas subi la même érotisation que le verbe et a conservé sa vitalité au sens initial, le français moderne utilisant le couple embrasser-baiser. En français actuel, il est concurrencé par bise, bisou, lorsque le contexte n'est pas érotique.

BAISER *v.* D'après la définition du Dictionnaire de la langue du XIXe et XXe siècle édité par le Centre national de la recherche scientifique (car tout ceci est très scientifique), le verbe "baiser" consiste à "appliquer, presser ses lèvres sur quelque partie d'une personne (notamment la bouche, avec mouvement actif de caresse, succion, préhension, etc.) ou sur quelque objet la symbolisant, en signe d'amour". Son origine ? selon le dictionnaire, il est issu (vers 980) du latin *basiare*, dérivé de *basium*, d'abord utilisé avec un sens érotique à côté d'*osculum* (proprement, "petite bouche"). *Basium*, en raison de son apparition tardive en latin, pourrait être un emprunt (on a évoqué une origine celtique). En français, il est d'abord attesté à propos du baiser entre le Christ et ses disciples. Son emploi dans un contexte amoureux (XIIe siècle) a conduit à un emploi érotique par euphémisme pour "posséder charnellement". Cet emploi est attesté aux XVIe et XVIIe siècles, notamment chez les Burlesques, mais il est alors ambigu, le sens "décent" étant encore très usuel. Néanmoins, le "Baiserai-je, mon père ?" de Molière faisait déjà rire. L'emploi érotique a conduit au remplacement de baiser au sens initial par embrasser. Comme quoi, dans les mots comme dans les gestes, un simple petit baiser peut mener loin !

BAISEMENT Surtout employé dans un contexte liturgique.

BAISER LAMOURETTE Cette expression idiomatique française exprime une réconciliation de courte durée. Son origine fait justement état d'accords éphémères entre les deux partis opposés à l'Assemblée législative, provoqués par un appel à l'entente de l'abbé Lamourette, qui, en 1792, invitait les révolutionnaires à s'accorder.

BAISEMAIN *n.m.* Fort commun dans la France du XVIe siècle, le baisemain se dit mais ne s'exécute pas : on l'utilise quand on prend congé de quelqu'un, il est en effet coutumier de dire "je vous baise la main" ou "je baise la main de votre seigneurie". Apparu dès 1306, dans le contexte féodal de l'hommage du vassal au suzerain, il désigne aujourd'hui le geste de politesse d'un homme envers une femme. Cette pratique a toujours été limitée aux classes supérieures de la société.

Baiser de Judas Baiser donné par Judas au Christ, signant sa délation. Par extension, ce baiser de traître colle à la peau d'un individu qui en embrasse un autre en caressant l'espoir d'obtenir quelque chose en échange (aujourd'hui, une machine à laver, un four à micro-ondes, une perceuse multi-fonctions ou… une petite gâterie).

Baiseret D'après le Dictionnaire de la langue française du XVIe siècle, "baiseret" est un diminutif de "baiser". Pourquoi ne pas annoncer, comme le poète Olivier de Magny : "Je veulx qu'aussi soubdainement ta bouche tu me viennes tendre, pour un doulx baiseret en prendre." Si votre partenaire ne répond pas à cette franche demande, essayez donc ceci : "Pourquoy, craintive fillette, vous reculez-vous ainsi de ces baiserets ici ?"

Baiseur ou **baiseraisse** Selon le Dictionnaire de la langue française du XVIe siècle, un baiseur est tout simplement celui qui donne un baiser.

Baisoter Au XVIe siècle, ce verbe était un fréquentatif et diminutif de "baiser". Exemple : "Puis luy dire en la baisotant, la caressant, la mignottant, cachez vostre beau sein, mignonne" (Belleau). Ronsard, en 1556, orthographie le mot avec un "z" ("baizoter"). Le terme a depuis vieilli, même avec la valeur érotique de "faire l'amour d'une façon médiocre et routinière", plus ou moins remplacé par "baisouiller".

Baise *n.f.* La baise, comme la plupart des dérivés tardifs de "baiser", concerne le sens érotique. Il désigne la pratique de l'amour physique. À l'exception de quelques écarts régionaux comme dans le Nord et la Belgique où il est synonyme de "petit baiser affectueux".

Bec *n.m.* Issu vers 1119 du latin *beccus* (bec d'oiseau), bec a pris par extension le sens de "bouche humaine" au début du XIIIe siècle. D'où divers sens métonymiques comme "visage", "personne" et, en Suisse et au Québec, l'emploi familier pour un baiser.

Bécot *n.m.* Dérivé de bec, avec le suffixe diminutif "ot". À la fin du XVIIIe siècle, "bécot" est un équivalent familier de "baiser" dont est dérivé "bécotement", déjà relevé en 1863 par Flaubert.

Bicher Verbe familier d'origine dialectale (1845), il correspond à une forme dérivée du latin *beccus*, "bec". L'expression "ça biche !" vient probablement du langage des pêcheurs "ça mord", en parlant du poisson (1867). Emplois régionaux attestés dans le Lyonnais : "se bichi" (se donner des coups de bec ou… se mordiller). En outre, bicher a signifié "embrasser" dans le Nivernais ou le Bourbonnais. On rencontre le dérivé "bicheur, euse" (nom et adjectif), pour désigner celui ou celle qui cajole.

Bidou *n.m.* L'art du bidou ? Effleurer délicatement les lèvres de son partenaire en fermant les yeux et recommencer jusqu'à ce que la pression sur les lèvres soit la moins perceptible possible. Un bidou est juste un léger contact. Retirer les lèvres dès que l'on a touché celles de son partenaire. Sans doute le baiser le plus frustrant !

Bisou *n.m.* Devenu à la mode dans les années 1960, bisou était déjà employé au début du siècle. Le suffixe "ou" ajouté à bise est probablement l'équivalent provençal moderne de l'ancien suffixe "on" ("tu me donnes un bison ?")

Embrasser D'après le Dictionnaire étymologique du français, le verbe "embrasser" signifie uniquement prendre dans ses bras ou entourer d'affection.

Palot À l'origine, un palot est une sorte de pelle utilisée par les ouvriers qui travaillaient à l'extraction de la tourbe.

Patin Voici l'origine probable de l'expression "rouler un patin" : le patin a d'abord désigné une chaussure de femme à semelles épaisses que les élégantes employaient pour se grandir. Il s'est spécialisé pour désigner une galoche sur laquelle on adaptait des clous et surtout une ferrure pour aller glisser sur la glace (1427). L'expression argotique "rouler une galoche" est d'ailleurs également employée. Par analogie de fonction avec le patin à glace, il désigne, vers 1845, une semelle métallique montée sur roulettes, dénommée, à partir de 1868, "patin à roulettes". C'est ce dernier qui serait à l'origine du "baiser profond", c'est-à-dire le "patin". À moins qu'il s'agisse, comme certains le pensent, d'un sens dérivé de patte "chiffon" (voir pattemouille).

Pattemouille *n.f.* D'usage régional (Lyonnais, Dauphinois, Alpes et Suisse), le terme "patte" s'est employé adjectivement au sens de "mou et flasque" (comme un chiffon). Il est possible que l'argotique "patin" (baiser lingual) lui doive quelque chose, bien que certains préfèrent interpréter "rouler un patin" comme une déformation plaisante de rouler à patins (à l'époque de la vogue du patin à roulettes).

Pelle *n.f.* issu du latin *pala*, "bêche". Pala est proprement "ce que l'on enfonce"...

Poutou *n.m.* Attesté pour la première fois en 1784 chez Mme Rolland, "poutou" est un mot occitan (poudoum, poutoun, poutou), d'origine onomatopéique, d'un radical *pott*, désignant les lèvres, la moue. "Poutou", mot familier employé dans certaines régions, désigne un baiser amical, affectueux et sonore. Au gré des rencontres parisiennes, on entend parfois le dérivé "poutouner" (occitan "putuné"). Chez les adolescents, "poutouner" consiste à souffler sur la peau de son partenaire et à faire vibrer les lèvres pour émettre un bruit.

Piou, **canard** ou **pop** En argot, petit baiser sur les lèvres.

Smac Baiser qui claque.

Suçon Légère ecchymose produite sur la peau par des baisers ventouses. Comment le réussir ? Posez vos lèvres sur l'épiderme de votre partenaire, de préférence dans le cou, et aspirez longuement. Le but de cette pratique vampirique est de laisser la signature du baiser sur sa proie. Technique déjà utilisée à la fin du XVIIe siècle.

Dictionnaire des "langues" étrangères

Comment dire "Puis-je vous embrasser ?"
dans différentes langues

Allemand

Darf ich Sie küssen ? Vous le prononcerez bien en faisant un large sourire, comme vous prononcerez le "ch" de ich, tout en posant le bout de la langue derrière les dents du bas, contre les gencives. Vous aurez alors toutes les chances, malgré vos grimaces, d'être compris et de faire rire. Et comme le dit la sagesse populaire : une fois que tu l'as fait rire, tu es déjà à moitié dans son lit... mais c'est la seconde moitié la plus dure à réaliser.

Anglais

May I kiss you ? Comme le conseillent tous les professeurs d'anglais, pour la bonne prononciation, posez cette question avec une pomme de terre bouillante dans la bouche... et ne vous préoccupez pas de votre allure.

Belge

Puis-je vous embrasser... juste une fois ?

Espagnol

¿Puedo besarle?

Italien

Posso baciarti (entre jeunes) et ***potrei baciarla*** (plus galant, formel) ?

Picard

Donne un tcho bec à tun Quinquin !

Russe

Ne demandez pas ! La coutume veut que l'on s'embrasse sur la bouche de toute façon !

Suisse allemand

Chönnt'i dir ächt äs müntschi gää ? (Avec l'accent français, c'est charmant.) Pour que la question soit posée poliment en suisse allemand, il faut l'ajout de "ächt" dans le milieu de la phrase qui veut dire "peut-être". Quelque chose comme : Puis-je peut-être vous embrasser ?

Index

Retrouvez l'auteur, Thierry Soufflard, sur sa page Facebook Thierry Soufflard et sur son site Internet www.soufflard.com

CRÉDITS PHOTOGRAPHIQUES

Édition : Sandrine Gulbenkian et Mathilde Kressmann
Relecture-correction : Aude Payzan et Aude Gandiol
Direction artistique et couverture : Isabelle Chemin
Maquette : Marylène Lhenri

ISBN : 978-2-37395-084-7
Dépôt légal : mars 2018
Achevé d'imprimer en UE en mars 2018